高校心理健康教育团辅活动设计研究

魏玮　周轶　孙忆辛◎著

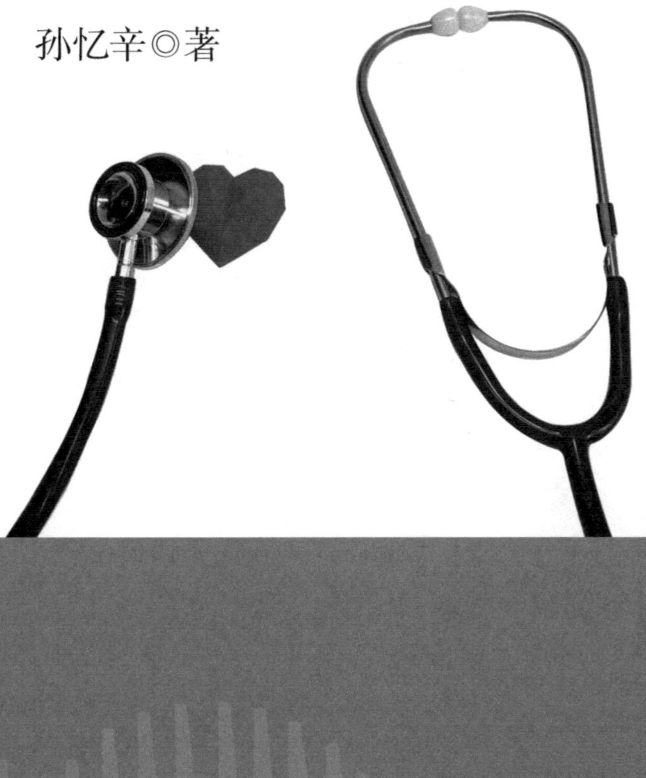

河北大学出版社
·保定·

高校心理健康教育团辅活动设计研究

GAOXIAO XINLI JIANKANG JIAOYU TUANFU HUODONG SHEJI YANJIU

出 版 人:刘相美
责任编辑:冯喆圆
装帧设计:周李琦
责任校对:苏安邦
责任印制:常 凯

图书在版编目(CIP)数据

高校心理健康教育团辅活动设计研究 / 魏玮, 周轶, 孙忆辛著. -- 保定 : 河北大学出版社, 2024. 7.

ISBN 978-7-5666-2423-9

Ⅰ. G444

中国国家版本馆 CIP 数据核字第 2024JE8292 号

出版发行:河北大学出版社
地址:河北省保定市七一东路2666号
邮编:071000
电话:0312-5073019 0312-5073029
邮箱:hbdxcbs818@163.com
网址:www.hbdxcbs.com
印刷:涿州市般润文化传播有限公司
幅面尺寸:170 mm×240 mm
印张:15.5
字数:218千字
版次:2024年7月第1版
印次:2024年7月第1次印刷
书号:ISBN 978-7-5666-2423-9
定价:42.00元

前　言

心理团辅作为开展心理育人的有效手段与重要抓手，是在教师引导下开展学生自我认知与自我教育的新模式，是利用团体间成员的相互作用，模拟情景反应、示范引导、角色互换、师生同一的模式。心理团辅—心理育人在理论上同出于心理学与教育学范畴，具有研究范围、研究对象、研究方向、研究目标的一致性；在工作实操上具有层次上的包容性；在效果反馈上具有教育效果的先后性；在教育教学设计上具有开展方式的差异性。因此，在心理健康教育中，将心理团辅与心理育人置于同一研究层次，构建心理健康教育新模式，有利于更好地指导学生工作实际。

毋庸讳言，受传统工具理性思维影响，当前高校心理健康教育的主要功能依然定位于“预防性”心理疾病的防治上，一直以解决少数“问题学生”的“问题”为目标，相对而言忽视了广大学生个体化的、发展性的成长需要。高校综合心理素质培养也主要是着眼于学生的职业竞争力与社会适应力提升，仍未真正重视学生个体积极心理品质的培养和人生智慧的提升，其教育目标整体上依然未能摆脱功利主义的窠臼。从积极心理学和智慧心理学的视角来看，高校心理健康教育与心理素质培育的整体性价值更应体现在实现大学生内心完善和人格发展方面，更多地关注和挖掘学生的潜能，促进学生个体的自我教育与反思，让其自身得到自觉的成长和自主的发展，凸显与回归教育“成人”的本质。换言之，心理健康教育的目标不仅仅是提升大学生的职业适应力，更应注重培育大学生解决人生问题的智慧，提升其生活幸福感以及持续获得人生幸福感的积极心理品质。

在教育形式上，笔者选择了“团体心理活动”作为载体，并借鉴与整合了团体心理辅导与素质拓展训练的教练技术。众所周知，在信息社会、数字化时代，知识的获取已经变得更加便捷，传统的、静态的“立足于教”的教授主义教育模式受到极大冲击，势必逐渐向“立足于学”的新教育模式转变。就心理健康教育而言，不再是简单地向学生传授心理知识，而是向学生提供一种体验式的、交互型的心理教育服务，心理健康教育路径宜从传授型向交互体验型转变。

在这一教育转型的背景下，团体心理辅导活动可以有机结合到心理健康教育教学活动中来：团体心理辅导主要是运用团体的教育和发展功能，通过团体互动或讨论促进成员的相互支持、成长和改变，预防、解决个体发展或人际的困扰与问题；素质拓展训练主要是设置兼具体能挑战和思维突破的任务，通过团体合作、头脑风暴启发成员在任务体验中感悟人际沟通、突破心理舒适区、解除思维定式的潜能开发活动。二者的共性在于注重团体互动中的情感体验与意义生成，它与传统的传授式教学相比，少了一些说教和灌输，多了一些体验和感悟。二者的有机结合，可以增强心理健康教育活动的趣味性、互动性，增强大学生对心理健康教育课堂教学的参与度、专注度，提升心理健康教育的吸引力与感染力。当然，作为一种新的探索和尝试，团体心理辅导活动设计的系统性还有待不断改进与提升。

目　录

第一章　高校心理健康教育团辅活动基础理论

第一节　团体心理辅导的概念

团体心理辅导在提高大学生心理素质、解决心理困扰、发挥个人潜能、改善人际关系方面有良好的促进作用。团体心理辅导是在团体心理环境下为成员提供心理帮助与指导的一种心理辅导形式，即以团体为对象，运用适当的辅导策略或方法，通过团体成员的互动，促使个体在人际交往中认识自我、探讨自我、接纳自我，调整和改善与他人的关系，学习新的态度与行为方式，增进适应能力，以预防或解决问题并激发个体潜能的助人过程。20世纪90年代初，团体心理辅导理论传入我国，一些高校心理咨询工作者通过实践研究，从不同角度探讨了团体心理辅导对大学生心理素质的影响，实践表明，团体心理辅导在短期内改善大学生各种心理问题方面取得了令人满意的效果。由此可见，团体心理辅导是一种应用广泛的改善大学生心理品质的重要教育形式。

团体心理辅导是指教师或辅导人员，面对多数被辅导者——学生，基于社会及团体动力的原理，运用适当的辅助技术，以协助个体自我了解、自我发展及自我实现的过程。团体心理辅导是一种预防性、发展性的工作，它运用团体的情境，设计出活动、课程、内容，用来引导个体解决在其各发展阶段会碰到的各类问题以及所引发的一般性困扰。团体心理辅导是一个助人自助的过程，是一种协助与服务，属于教育活动的性质。这种自我教育活动以积极的人的发展观为理念，以人的成长、发展为中心，相信人的潜能，引导、帮助人主动参与、自我体验、自我领悟、自我实践，解决成长中的问题，开发潜能，进而达到更好地发展的目的。

一、团体心理辅导是心理辅导的一种形式

心理辅导的形式有两种：个别心理辅导和团体心理辅导。相对于个别心理辅导，团体心理辅导感染力强、影响广泛、效果容易巩固，而且效率高、省时省力。心理辅导是一种“助人自助”的过程。“助人”就是协助或帮助他人，而“助人自助”就是协助求助人认识其自己面临的困境，引导其自我探索、自我挑战、自我了解，并采取有效的行动，自己解决自己的问题。因此“助人”注重的是一种过程，而不是一种结果。例如，某人想吃鱼却钓不到鱼，因而向你求助，有三种方法可以帮他：一是自己钓鱼送给他；二是教他钓鱼的方法，让他用新的方法钓鱼；三是先让他明了自己的钓鱼方法怎样，为何用这样的方法钓不到鱼，学习了解用什么样的方法才能钓到鱼，并且尝试改变以前的方法，用新的方法去钓鱼。上面三种方法的结果是一样的（求助者吃到了鱼），但对求助者的影响却不一样。方法一，求助者虽吃到鱼却不会自己钓鱼；方法二，求助者吃到鱼也学到了钓鱼的方法，但却不知道自己原来的方法为什么钓不到鱼；方法三，求助者吃到鱼，既知道了自己钓不到鱼的原因，又学会了钓鱼的方法。所以第三种方法才是真正有意义的助人行为。助人需要一种尊重、信任、平等、协调的良好关系。助人关系不同于朋友关系，它要求以客观的态度，有目的、有方向的方法去帮助人，强调辅导者要尊重、接纳、聆听、真诚于受导者自身的领悟，重在受导者内心的转变。

二、通过团体方式去辅导他人

人是群体性动物，希望归属于某种团体，并被团体成员所接纳。我们生活在团体的世界里，每个人的生活都离不开团体。团体是由两个或两个以上的人组成的，少则三五人，多则几十人。团体成员在共同的活

动中彼此交往、相互作用，因此会产生一系列的社会心理现象，如团体气氛、人际关系、暗示、模仿、从众现象等，这些心理现象会对人的心理与行为产生深刻的影响。

第二节 团体心理辅导的主要理论

团体心理辅导是心理辅导的主要形式之一，心理辅导的理论为团体心理辅导提供了理论基础，也为团体心理辅导的方法提供了依据。各学派的创立与发展，尤其是背景与基础，逐渐形成一整套理论。了解心理辅导主要流派在团体心理辅导方面的观点、贡献，以及在不同理论指导下的团体目标、领导者的任务、团体基本技术，可以为学习者构建自己的团体心理辅导理论打下基础。同时，团体心理辅导有其专业理论体系，团体动力学、社会学习理论以及团体中的人际沟通等都为团体及团体过程的发展提供了理论依据。团体心理辅导理论主要包括心理咨询相关理论、社会心理学理论、发展心理学理论。

一、心理咨询相关理论

（一）以人为中心的团体心理辅导理论

以人为中心的团体治疗理论最初被称为非指示咨询，后来才改称为来访者中心疗法，是1940年由美国人本主义心理学家卡尔·罗杰斯发展并完善的。该理论认为，人类的行为总是趋向完满和自我实现，每一个团体成员乃至整个团体，在无须团体指导者过多帮助的情况下，可以找到自己的方向。以人为中心团体疗法更强调团体指导者的人格特质，而不是其指导技术。对以人为中心团体疗法的指导者来说，最重要的是营造温馨的团体气氛。该理论更应被视为人生的引领，而不是行为的指导。团体指导者若想在团体中营造对治疗有积极作用的氛围，就要与团体成员建立良好的关系。这需要以下几种态度作为基础：真诚、无条件地积极关注、共情。如果指导者能表现出这些态度，一种接纳、关注的氛围就会自然呈现出来。一旦这种氛围被确定下来，团体成员就会解除自己的心理防御，慢慢接近自己的内部资源，朝着自己的目标前进，这会促使个体发生重要改变。为了在团体中发挥作用，团体指导者必须相信团体成员能够向着有利的方向发展。如果做不到这一点，团体指导者就容易过多地去干预团体咨询过程，而这样做是不能为团体成员提供帮助的。

以人为中心团体疗法是70多年来不断革新的结果，而且该理论仍然在不断进行着修正。在罗杰斯早期的著作中，他认为要相信来访者具有在适合成长的环境中主动向前发展的能力，这一观点在其后的著作中得到了贯彻。他认为，有机体都有一种维持并提高自身的完善倾向，这种倾向的核心资源是寻求满足和自我实现。主观经验的信念与对人类本质的基本信赖紧密地联系在一起。这种自我实现的倾向就是一种成长与自我治疗的内部资源。来访者有能力进行自我理解和建设性的改变，他们存在着自治的倾向，即个体会趋向自我调节和自我决定，并摆脱控制。但自我实现的倾向并不是要从人际关系、互相依赖和互相交往中脱离出来。罗杰斯认为，个体一旦感受到了深层次的理解和尊重，其信任感就会不断地增加。他的整个理论体系都是建立在这一经验之上的。虽然以人为中心团体疗法在不断地改进，但对个体自我实现倾向的认同始终是该理论的基础。

（二）心理分析团体心理辅导理论

心理分析治疗理论由西格蒙德·弗洛伊德于19世纪末20世纪初创立，主要是探讨个人在发展的过程中适应各种冲突的历程，从心理层面分析造成现在行为的原因。虽然弗洛伊德注重个体动力学以及病人与心理分析者一对一的关系，但其理论观点对分析团体也治疗有许多启发。首先在团体治疗中运用心理分析原理和技术的人是恩斯特·沃尔夫，他既是一位精神病学家，也是一位精神分析学家。由于他既不想将一些需要治疗的患者拒之门外，但又无法向他们提供一对一的个体治疗。于是他在1938年开始尝试团体治疗并不断深入，逐渐形成了自己的治疗模式。沃尔夫强调在团体中的心理分析不治疗整个团体，而将着眼点放在与其他个体相互交往的每一个成员。

心理分析团体提供一种帮助来访者重新体验早年家庭关系的气氛。在这种气氛中，来访者能发掘出与那些影响现在行为的事件相伴随、被埋藏的情感，进而促进来访者对不适应的心理发展根源的洞察，激发成员矫治性的情绪经验。团体指导者可以考虑阻抗、移情、焦虑和自我防御机制等因素，也可使其介入更有深度，即便其并不想触及来访者过去的创伤或潜意识的冲突。另外，这样也有利于团体指导者对来访者此时此地表现出的问题有更好的领悟。

（三）行为治疗的团体心理辅导理论

行为治疗理论是在行为主义心理学基础上发展而来的一个心理咨询与治疗派别，形成于20世纪50年代至60年代初期，也称行为矫正。行为疗法不是由一位心理学家创立的，而是由许多人依据行为主义理论开发出来的若干种治疗方法集合而成。行为主义心理学家约翰·华生的行为主义理论为行为疗法奠定了基础。伊万·彼得罗维奇·巴甫洛夫、伯尔赫斯·弗雷德里克·斯金纳、汉斯·艾森克、理查德·拉扎勒斯、阿尔伯特·班杜拉、约瑟夫·沃尔普等人对行为疗法的发展做出了重要的贡献。行为学派的基本观点是不适应的行为是经由学习而来，也可经由新的学习历程而被矫正。

行为疗法注重现在、短程性、重视考察行为、继续教育等特点使它能够满足从小学到大学的各级学校的需要。对各个年级学生认知行为的团体辅导来说，各种行为方法都是行之有效的。通常来说，这些团体着重从操作上来界定治疗目标。在实现一些目标的过程中，团体指导者要运用强化、行为连接控制、个体和团体沟通、示范、行为演练、指导性训练、家庭作业、反馈、认知重构、问题解决及互助系统等方法。希尔顿·罗斯的《青少年问题的团体治疗：一种认知和行为互动的观念》一书中，介绍了青春期和青春期前期的团体可以从认知和行为的角度来解决几种通常的干预目标：人际关系技巧、问题解决技巧、认知应对技巧、自我管理技巧。他认为团体成员之间的互动和他们与指导者之间的互动同等重要，建立在广泛基础之上的治疗为青少年提供了最大的好处。他的理论模型包括团体治疗规划、推动成员参加活动过程体验、建立凝聚力、测量当前每个成员的问题水平、选择和实施促进改变的干预、处理团体中发生的事情、将改变的行为或者认知转化到现实生活中、对活动结束进行准备等。罗斯描述的各种团体疗法和团体活动的发展阶段理论都可运用到从初中到大学生的团体辅导中。

（四）理性情绪的团体心理辅导理论

理性情绪治疗理论是由美国心理治疗家阿尔伯特·艾利斯在20世纪50年代中后期提出的一种心理治疗理论和方法。理性情绪治疗法的基本假设是人的情绪主要是由信念、评价、解释，以及对生活事件的反应而产生的。他认为影响人们情绪和行为的不是发生的事件本身，而是人们对事件的看法。通过理性情绪的治疗过程，来访者学习一些技巧去找寻和驳斥非理性信念，取而代之的是理性的认知，这将会使由事件而引起的情绪反应有所改变。该疗法强调人的价值观在治疗心理障碍中的作用，主张采用纯理性的方法帮助来访者解决问题。理性情绪治疗法也是一种认知行为疗法，所以也被称为理性情绪行为疗法。

理性情绪治疗法理论和实践的核心是人格与情感障碍的A—B—C理论。A—B—C理论是指当刺激事件A发生后，人们对A产生的情绪反应C并不取决于事件A本身（尽管A本身可能是一方面的原因），而主要取决于人的认知系统B，或者说人们对事件的看法。理性情绪治疗理论认为，人们有能力有效转变自己的认知、情绪和行为。只要避免在事件A中自我迷失、承认但不沉溺于情绪后果C，选择反省、调整和根除B这一对刺激事件的不合理观念，就完全可以实现自我转变的目标。理性情绪治疗法的原理和技术直接适用于任何年龄的学生团体。由于理性情绪治疗法采用对来访者再教育的方法，所以可以直接用于学生团体辅导。理性情绪治疗法的教育意义在于它可以对那些喜欢夸大事件负面后果的儿童、青少年和成人进行预防性干预。青少年常会对自己说自己无法忍受被人拒绝，他们会相信如果自己在某些重要事件上失败了，自己基本上就完了。他们对自己的接纳程度与自己的完美程度成正比。这时候，认知干涉试着与这些顽固的错误信念进行辩论是最有用的。如果他们懂得如何挑战那些自我束缚的信念，他们的感觉就会开始好转，收效也会更大。团体是学习无条件自我接纳和不断去接纳他人的理想场所，这些对于学生来说是非常重要的。理性情绪治疗法在学校中的应用大部分都带有教育的性质。团体的目标一般都是教给参与者处理日常生活的技巧，支持学生们对某些认知、情绪和行为进行调整。在这些团体中，参与者很快就会懂得转变是在团体辅导外的练习和努力的结果。理性情绪治疗理论的主要思想不仅对学生们处理学校中发生的问题有所帮助，而且对他们应对人际交往和家庭问题也是有益的。

（五）人际交互作用分析的团体心理辅导理论

人际交互作用分析也称沟通分析，简称TA，是由美国精神分析学家艾里克·伯恩创立的。他是一名弗洛伊德式的精神分析者和心理医生。伯恩认为，“社会交往的单位称为相互影响。当两三个人或更多的人相互碰在一起时，迟早某人要说话，或者向其他人的出现致意，这叫相互作用刺激。另外的人就会说一些或做一些与这种刺激有某种联系的事，那就是相互作用反应”。交互作用分析是以精神分析原理为基础创立的一种简便易行的治疗方法，用于检查“我对你做些什么，你反过来对我做些什么”一类的相互作用，并确定在具有多重性质的人格中，父母意识、儿童意识与成人意识哪一部分出现，交往双方关系是相辅、互补，还是矛盾、冲突。交互作用分析治疗的目的是协助人们了解他们与别人互动的本质，教育来访者改变生活态度，对人际交往获得深刻的领悟力，建立自尊的、成熟的人际关系。

交互作用分析的团体治疗是一种非常理想的疗法。伯恩认为，团体咨询对个人生活方面的帮助要比个体咨询大得多。将再决定疗法应用于团体治疗中，团体成员就可以通过回忆早期经历或通过与团体中其他成员的交流体验自己的人生脚本。从再决定理论的观点来看，团体治疗就是对选择的处理。团体治疗可以使个体获得比在个体治疗中更快的改变，也可以增加治疗过程对人类特质的重视。通过识别自己的决定并对这些决定的价值进行评价，成员们可以确定在现实生活中自己真正想要的是什么，再决定是一种真正有价值的决定。罗伯特·古尔丁于1957年提出，团体治疗的基本原理之一是它可以为团体成员提供一段生动的经历，以帮助团体成员更好地与家人、朋友或社团组织进行交往。交互作用分析在学生团体中的主要咨询目标是要激发他们的洞察能力，从而使他们增加对自己思想、情感和行为的控制。随着自我理解能力的提高，青少年还可以对自己以及自己与他人的交往做出改变。

二、社会心理学理论

团体心理咨询是在团体情境下，借助团体动力和各种心理咨询与治疗的技术，使团体成员自知并自主，达到消除症状、改善适应、发展人格的目的。作为心理咨询的一种形式，它与所有心理咨询的理论有关。同时，作为特殊背景下的心理咨询，它又与团体发展理论、人际沟通的理论、社会影响的理论有着密不可分的联系，并构成了理论体系。

（一）团体动力学理论

团体动力是指某社会团体形成的原因以及维系团体功能的一种力量或方式。团体动力是一种团体内互动的过程。团体动力学旨在探索团体发展的规律。它研究团体的形成与发展，团体内部人际关系即对其他团体的反映，团体与个体的关系、团体的内在动力、团体间的冲突、领导作用、团体行为等。团体动力学是由德国心理学家库尔特·勒温在进行团体行为研究时提出并创立的。他强调团体是一个整体，应把它作为一个整体来研究。

团体动力学的理论基础是勒温的场论，勒温把团体想象成一个空间，一个生命的空间。团体就如同一个心理场，这一心理场是由人的心理和行为组成的，是人与环境的函数，具有复杂的变化，而这种变化所产生的动力结构使场成为动力场。随着动力场的千变万化，人的心理和行为也随之变化。20世纪30年代中期，勒温和罗纳德·利皮特进行了著名的团体气氛心理实验研究。实验结果证明，在团体中，民主型的领导方式创造的团体气氛能提高工作效率，而专制型的领导方式创造的团体气氛虽能保证一定的工作效率，但成员缺乏信任感和创造力，互相之间充满敌意和冲突。

勒温等对团体凝聚力进行了深入的研究。团体凝聚力是指团体成员的吸引力和团体成员之间的吸引力，以及团体成员的满意程度。社会心理学家利昂·费斯廷格认为，团体凝聚力是为使团体成员留在团体内而施加影响的全部力量的总和。团体凝聚力是团体巩固与稳定的社会心理特征，对团体的存在、活动、效率有重要作用。

（二）社会学习理论

社会学习理论是一种在行为主义刺激—反应学习原理基础上发展起来的理论，着重阐明人是怎样在社会环境中学习的。社会学习理论最早是尼尔·米勒和约翰·多拉德于1952年提出的。班杜拉发展了社会学习理论的观点，他主张把依靠直接经验的学习和依靠间接经验的学习（观察学习）综合起来说明人类的学习。他强调人的思想、感情和行为不仅受直接经验的影响，也受间接经验的影响；强调行为与环境的交互作用；强调认知过程的重要；强调观察学习；强调自我调节过程。社会学习理论的研究成果为团体心理咨询中如何改变成员的不适应行为提供了方法。班杜拉的主要著作有《社会学习与人格发展》（与迈尔斯·沃尔特合著）、《社会学习理论》等。社会学习理论还认为人的大部分社会行为是通过观察他人、模仿他人而学会的。班杜拉曾做过一项著名的关于模仿的实验研究，即攻击行为的实验。他认为，许多社会行为通过观察、模仿即可习得，而观察习得的是某种行为的行为方式，在环境条件允许时就会外化为行为表现。社会学习理论认为人通常是通过对他人的行为进行观察和模仿来学习和形成一种新的行为方式，尤其是对人们在社会生活中的各类行为进行观察学习。攻击行为如此，适应行为也是如此。如果为那些心理适应不良的来访者提供多个可模仿的榜样，将有助于改变其不适应的行为。团体辅导为来访者创设了一种特殊的情境，充满理解、关爱、信任，这种环境的变化必将引起个体行为的改变。

（三）人际沟通理论

人际沟通是指人与人之间运用语言或非语言符号系统交换意见、传达思想、表达情感和需要的交流过程，是人们交往的一种重要形式和前提条件。心理学的研究证明，当人清醒的时候，70%的时间都花在沟通上，沟通不良使得个人无法传达情意、团体无法运作、组织任务无法完成。人与人之间的冲突往往是由于沟通不良所致。马丁·路德·金说："人与人不能相处，是因为他们心存害怕。他们心存害怕，是因为彼此不了解。他们彼此不了解，是因为他们彼此没有好好沟通。"人际沟通是个体适应社会、承担社会角色、形成健全人格的基本途径。人际沟通除了具有传递信息和心理保健的功能，还有自我认识和人际协调的功能。人际沟通的研究领域广泛，内容丰富，成果丰厚，它为团体辅导过程中人与人之间如何交往、怎样增强沟通效果、如何建立良好的人际关系、如何避免或减少交往障碍提供了大量有价值的参考；也为团体领导者选择怎样的团体沟通方式，如何观察、指导团体成员的沟通，如何增进自我了解和他人了解，如何在协调的人际关系中获得成长提供了具体的方法和技巧。团体辅导的过程就是一种人际沟通的过程，因此，人际沟通研究的成果适用于团体心理辅导的过程。

三、发展心理学理论

爱利克·埃里克森的人格发展阶段理论认为，在人格发展中，逐渐形成的自我过程在个人及其周围环境的交互作用中起着主导和整合的作用。每个人在其生长过程中，都普遍体验着生物的、生理的、社会的事件的发展顺序，按一定的成熟程度分阶段地向前发展。每一阶段都有一个由生物学的成熟与社会文化环境、社会期望之间的冲突和矛盾所决定的发展危机。如果解决了冲突和矛盾，完成了每个阶段的发展任务，就形成了积极的个性品质；如果完成得不好，就形成了消极的个性品质。这就要求学校的班级团体辅导要根据学生的心理年龄特征及发展状况设计与实行。

第三节 团体心理辅导的类型与特点

团体心理辅导的过程是一个借助成员之间的互动以实现自我发展的学习过程。团体心理辅导重视成员的主动学习、自我评估和自我改善，有利于尽享自我教育。团体心理辅导的领导者针对参与者遇到的成长问题，有计划地进行辅导单元设计，帮助他们在辅导活动中领悟、反思和进行自我教育。诸如在一些职业学校开展的团体心理辅导，目的是帮助学生正确地认识自我，了解自己的人格特点、价值观、优势与缺点；学会识别、调节、控制情绪，掌握应对压力的技巧，化解内部压力和处理外部压力；学会合理进行生涯规划，学会管理时间，合理分配时间；学会交往并运用人际交往沟通技巧，与他人建立融洽、协调的人际关系。

一、团体心理辅导的类型

团体心理辅导的功能与目标有三个层次——矫治、预防和发展，且预防、发展重于矫治。也就是说，不是学生出现了心理问题才需要进行团体心理辅导，而是通过辅导，一方面，帮助学生掌握有关知识和社会技能，学会用有效的、合理的方式满足自己的需要，提高人际交往水平，学习自主地应对由挫折、冲突、压力、焦虑等带来的种种心理困扰，减轻痛苦、不适的体验，防止心理疾患的产生，保持正常的生活和学习；另一方面，协助学生树立有价值的生活目标，认清自身的潜力和可以利用的社会资源，承担生活的责任，发挥个人的潜能，健康快乐地生活。在团体心理辅导中，教师和学生的地位是平等的，教师要允许和鼓励学生发表不同的观点、看法，重视学生的意见，移情理解学生，尊重学生，不能居高临下地训斥学生，不能讽刺、嘲弄学生，不揭学生的“短”；要无条件地关怀和接纳学生，让学生感受到教师对他们的理解、尊重和接纳，从而抛开心理上的防范，对自己的内心世界做更自由、深入的探索。

（一）“学习性”团体心理辅导

团体心理辅导的过程有利于培养参与者的社会性，促使其学习社会规范以及培养适应社会生活的态度与习惯。团体心理辅导促进成员相互交换学习经验，在彼此互动中接受教育。一个人的社会适应程度及心理健康水平在很大程度上与他们的认知有关，片面的、错误的认知和非理性的信念往往是个体产生抑郁、自卑、焦虑、恐惧、痛苦等不良情绪的原因。在团体心理辅导中，团体成员通过讨论、交流，彼此传递、交流有关资料和各自解决问题的经验，发现共同的情感，这对其非常具有教育意义。团体为成员提供了一个多元的社会角色模范，使团体成员有机会进行模仿性学习，尝试模仿适应行为。在个体心理辅导中，学生只能模仿辅导老师一个人；但在团体心理辅导中，学生除了模仿团体指导老师外，还可以模仿或参考其他成员的行为。个人可以根据自己的需要，有选择地寻找模仿对象。如通过观察别人是如何与人交往、如何谈话、如何倾听等，从而有效地学习交往技能。

（二）“治疗性”团体心理辅导

团体心理辅导注重成员的身心发展，协助成员自我认识、自我探索进而自我接纳、自我肯定，注重成员生活知识和能力的充实以及正向行为的建立。学校中的心理团体辅导大多是这一类型。学校心理健康教育的重要使命在于使适应正常的广大学生具有健全的人格、良好的个性心理品质，促使其内心世界的丰富、精神生活的充实、潜能的发挥与人生价值的正确体现。从整体上看，有不少学生会在心理和行为上表现出一些问题，其中大部分是成长过程中出现的发展性问题。如学习能力差引起的学习困难、挫折承受力低而导致的情绪易波动等，这些属于学生正常心理发展中有可能出现并可以理解的问题。学校需要针对这些学生共同的成长课题进行心理健康教育。心理辅导应该以发展性心理辅导为重点，而团体心理辅导能充分地利用现有资源，起到更积极的作用。

二、团体心理辅导的特点

作为心理辅导的两种形式，团体心理辅导与个体心理辅导在许多方面有相似的地方。首先，辅导目标类似：都是帮助求助者自我指导与自我发展，即“助人自助”。其次，辅导对象相似：都是有正常发展问题的个人。最后，对辅导人员的要求相似：都要求辅导人员掌握心理辅导的各种技术。但由于团体心理辅导强调团体成员的相互作用，因此，团体心理辅导与个体心理辅导相比具有其独特的特点即省时省力效率高、感染力很强、资源的多元化和团体咨询效果容易巩固。

（一）省时省力效率高

个体心理辅导是心理辅导员对求助者一对一地帮助与指导，每次面谈需要45分钟至1小时的时间；而团体心理辅导是将有共同需求的人或心理困扰者集合在一起，以团体的方式实施辅导，即一个辅导员同时面对多个求助者，这样既节省了时间，也节省了人力。

（二）感染力很强

团体心理辅导是以心理辅导理论及团体成员间的相互作用为基础的，其过程是多向沟通的。在团体的形成过程中，每个成员都会对其他成员产生影响，这种互相影响的方式是立体的、交互式的，其效果也是非常显著的。通过彼此的交流与互动，团体的其他成员就像一面镜子，使每个成员自己有了一个可以比较的对象，作为反思、了解自己的参考。同时，每个成员不仅自己接受他人的帮助，也可以帮助其他成员。但当这个团体的凝聚力尚未形成时，对团体成员产生的负面影响和感染力也是巨大的，这就提醒团体辅导人员要对团体的凝聚力予以关注并做出全面的评估。

（三）资源的多元化

团体成员在交流信息、解决问题、探索个人价值等方面都可以相互提供和分享丰富的资源，同时，成员还可以学习模仿其他成员的适应行为，从多个角度洞察自己。团体经验既能够提供一定的社会内涵，也能扩大成员对精神世界的认识，以及对一些行为或者现实的认识，从而在分享交流中得到更大的收获。另外，团体反馈比个人反馈更有力量，团体活动类似于真实生活，成员在这里进行间接学习，并可将习得的成果扩展到日常生活中。

（四）团体咨询效果容易巩固

杰拉尔德·科里指出："团体咨询的基本原理是它提供了一种生活经验，参加者能将之应用于日常与他人的互动中。"也就是说，团体咨询创造了一个类似真实的社会生活情境，增强了实践作用，也拉近了咨询与生活的距离，使咨询较易出现成果，而成果也较易迁移到日常生活中。因为团体咨询是将来访者分成小组，在团体内和他人进行沟通、合作来改善自我的状况，所以团体咨询适合人际关系不好的人，在完善自我的同时，也能改善人际关系。

第四节　团体心理辅导领导者的专业素质与训练

团体心理辅导是指在团体情境下进行的一种心理辅导形式。通过团体内人际交互作用，成员在共同的活动中进行交往，相互作用，使成员能通过一系列的心理互动的过程探讨自我，尝试改变行为，学习新的行为方式，改善人际关系，解决生活中的问题。团体心理辅导通常由一位或两位咨询员主持，他们一般被称为团体领导者。团体领导者是团体运行中负责带领和指引团体走向的人。在团体心理辅导中，其承担着决策者、引领者、支持者、信息提供者、陪伴者和评估者等不同的角色。

一、团体心理辅导领导者的专业素质

美国学者盖·里奇认为，一名有效的心理咨询者必须具备以下特征：对人具有强烈的兴趣，充满好奇心并喜欢探究；具有倾听的能力；善于沟通，喜欢与别人交流；善于理解、同情别人，设身处地去了解被咨询者的内心活动；具有较强的情感洞察力，善于处理各种情感问题；内省，对自己的能力有清醒的认识，并善于在心理咨询过程中把握自己；宽容，有能力控制自己的不满情绪；幽默，可以发现生活中积极有趣的一面。而团体心理辅导是在团体情境下提供心理帮助与指导的一种心理咨询的特殊形式，通常由一名或两名受过专业训练的辅导者（又称团体领导者）主持，多个当事人（又称团体成员）参加。作为一名高校团体心理辅导者，应具备团队管理技巧、专业教育与训练、团队成员经历、理论与技术、人格特征、多重角色这几方面的素质。

（一）团体管理技巧

一些以前主要从事个别心理咨询的临床工作者可以慢慢地转型为团体心理咨询者。但需要注意的是，在这个过程中，很多人往往会感到一些困难。最容易犯的错误是没有把当事人放在团体的背景中进行帮助，

这可能导致团体凝聚力的降低，甚至导致个别团体成员在中途退出。同个别心理咨询一样，团体心理咨询也有可能对团体成员造成伤害。总之，对于一名团体心理咨询者来说，团体管理技巧非常之重要。由此可见，一名有效的团体心理咨询者懂得利用团体的互动来增强团体的凝聚力，以促进团体心理咨询的效果。

（二）专业教育与训练

作为心理咨询工作者，至少要获得心理咨询硕士学位，并在相应的专业领域完成规定的实习内容和达到规定的实习时间。这些领域包括健康心理咨询、学校心理咨询、职业心理咨询、婚姻与家庭心理咨询、组织心理咨询等。

（三）团体成员经历

除了专业教育与训练外，美国团体心理咨询协会建议每一位心理咨询者在自己正式担任团体领导者之前，要以团体成员的身份参加团体心理咨询，至少需要60小时。

（四）理论与技术

团体心理咨询遵循与个别心理咨询一样的理论与技术。在认知行为主义疗法理论指导下的团体被称为认知行为团体，主要帮助酒精依赖者、情绪障碍者、社交技能缺乏者等，旨在改变团体成员非理性的观念和不正确的行为。

（五）人格特征

团体领导者是专业的助人者，他必须了解团体咨询的理论，掌握团体咨询的方法与技术，有丰富的经验。但是，学者们一致认为，在整个团体咨询过程中，最重要的并不是领导者的学位、资历、理论和纯熟的技巧，而是领导者本身的人格特征和修养。

（六）多重角色

一个有效的团体心理咨询者能在团体中扮演多重角色并起着至关重

要的作用。其一，领导角色。团体心理咨询者首先是一位领导者，是一名技术专家。他能够在适当的时候为团体成员做出正确的解释。其二，榜样角色。作为一名团体心理咨询者，他能够对团体成员所提供的任何见解采取开放的态度，不批评、不指责。其三，调解员角色。这是因为在团体心理咨询过程中，团体成员之间在沟通上可能会产生矛盾、引发冲突、个别成员不遵守团体规范等。

团体心理辅导活动教师的素质和角色定位是团体心理辅导活动成败的关键。首先，辅导教师要明白团体心理辅导活动与授课的区别，从单纯的知识传授者向引导者转变。团体心理辅导是高校的新生事物，它与传统教学在形式、内容上均有不同，如果辅导教师仍以单纯传授知识的心态及手段与同学交流，常会使活动小组处于艰难甚至停止状态。其次，辅导教师要引导团体成员对团体辅导活动保持良好的、平衡的心态，以保持团体的稳定。辅导教师应该让学生认识到心理问题要循序渐进，只有通过团体的力量与自身的努力，并加以一定的时间才能解决。最后，辅导教师要注意，在团体辅导的不同阶段，教师引导者角色也可以不同。在辅导活动过程初期，辅导教师是组织者、引导者、推动者，团体发展到一定阶段，团体成员相互熟悉以后，可以让学生轮流充当组织者的角色，以鼓励学生积极主动参与。

二、团体心理辅导领导者的训练

团体心理辅导领导者是团队心理辅导的主要人物，若要更加合理有效地开展团队心理辅导工作，需要团队心理辅导领导者进行策划训练、引领训练、支持训练、信息提供训练、陪伴训练和评估训练。

（一）策划训练

在团体心理辅导的准备阶段，团体领导者主要承担着策划者的角色。这一角色主要体现在方案策划和招募策划中。策划出一个详尽周密的团体方案是团体心理辅导顺利进行的保障。团体方案的策划主要包括制定团体目标，确定目标群体、团体结构以及实践中要考虑的其他问题。清晰明确的团体目标可以指引团体的发展方向，具有导向的作用，因此，团体领导者首先要制定团体目标。个体成长过程中出现的问题、领导者的经验和兴趣、工作组成员的组织结构、活动开展的客观条件等都可以作为制定团体目标的依据，在此基础上来确定团体的类型和成员的人数、年龄等事项。而对于团体的会谈频率和每次会谈持续的时间，领导者也都应做好安排。

领导者的招募策划包括组织宣传的策划和筛选成员的方式两个环节。在宣传团体时，可以通过现场招募、张贴海报、广播等方式让目标群体了解到团体的相关内容。领导者必须做到准确描述团体，避免过度承诺，以免未来成员对团体产生任何不切实际的愿望。这些内容包括团体目标、规则、团体运作以及对参与者的要求和期望等。在筛选成员的方式上，领导者可以通过个别会谈、测验、他人的介绍等来评估和挑选成员。通过与确定成员的会谈，领导者还可以了解到成员的团体期望及其自身的发展需要，据此适当地调整自己的方案。

（二）引领训练

在团体心理辅导中，领导者作为引领者的角色体现在总体走向引领、规范引领和示范引领三个方面。作为领导者，应该按照制订好的团体方案来开展活动，引导团体的发展方向，循序渐进地完成预定目标。在团体活动的初始阶段，领导者应该从三个方面明确团体规范。第一，在制度上要求成员做到保密，按时完成每个单元后的作业等。第二，在程序上希望成员定期参加，准时出席，真诚地分享自己的感受，直接与团体中的成员沟通互动，聚焦此时此地的体验。第三，在行为上，领导者需要引领成员用恰当的方式来表达自己的观点和感受，以及对其他成员的信息给予反馈。在整个团体心理辅导过程中，领导者也会通过关注、倾听、情感共鸣、自我暴露等自身的态度行为以身作则，赢得团体中一定水平的信任，促使团体成为有安全感的团体，成员勇于表达任何感受，也愿意自己决定具体的目标和探索的个人领域。领导者通过自己的示范作用，引领团体建立团体信任感，提高团体凝聚力，引导团体更好地发展。

在团体活动后期，团体规范已经形成，团体成员间的信任感已确立，团体成员间的互动方式已成熟。此时，领导者的引领角色便有所弱化，更多的是以参与者的角色陪伴团体走下去。

（三）支持训练

领导者的支持者角色体现在两个方面。一是给整个团体以支持；二是给成员个体以支持。领导者对团体的支持作用，主要体现在帮助团体建立一个安全、稳定的良好氛围，使成员关系稳定，促进团体信任。这样可以培养团体的冒险精神，增加成员的垂直自我暴露机会，引发成员深层次的自我探索愿望，增强团体心理辅导的效果。

随着团体中成员自我暴露程度的加深，成员们会对自己透露出的非常私人化的信息感到忧虑。团体领导者对团体成员思想观点上的理解、情感上的共感、行为上的接纳都是一种鼓励和支持，可以帮助成员摆脱焦虑害怕的感受，从而鼓励成员进行更加深入的自我冒险。这里所说的支持鼓励必须是恰当的和诚恳的，领导者的角色是支持性的，并给其他成员传递了一个信息，即批判和评论会有阻碍治疗的效果，此时领导者也对刚刚自我暴露的成员给予了保护。而领导者对团体成员个人行为的支持也会对其他成员的行为产生影响，这些支持会形成一种良好的团体氛围，增进成员间的信任感，并促进成员更深入地冒险和探讨主题，促进成员个体的成长。

（四）信息提供训练

领导者所扮演的信息提供者的角色包括介绍团体心理辅导的相关知识、在团体活动进行过程中给予成员反馈以及澄清等。在团体活动的开始阶段，团体领导者需要向成员介绍团体心理辅导的目标优势与特点、理论和技术以及成员需要履行的义务等。

领导者可以通过积极或消极的反馈提供各种信息。在团体发展的不同阶段，反馈的重点不同，提供的信息也会相应不同。在团体开始阶段，领导者更多地对成员的各种自我表露和冒险行为给予积极的反馈，这时他的反馈所传达的信息是：我们的团体是安全的，大家可以尽情地表达自己的观点和意见。而在团体结束阶段，领导者往往会对团体中分离焦虑过高的成员予以消极反馈，这时领导者传递的信息可以理解为分离是我们必须面对的，但我们的心永远在一起。此外，针对不同成员的特点，领导者也可以采用多种反馈的方式进行引导。澄清可以为成员提供更加准确清晰的信息。领导者用提问等方式明确和完善成员所表达的观点，这样不仅可以帮助成员自己发现问题所在，而且也可以使其他成员更加了解团体中的各种信息。

（五）陪伴训练

在团体心理辅导的过程中，领导者始终陪伴着团体成员。组成团体的不是领导者或成员自己，而是这个集体。因此，可以用“同路人”来描述领导者和成员之间的关系。在团体心理辅导中，领导者需要把自己当作团体内一个普通成员，与其他成员一起，感情投入地聆听他人的表达，专心地观察成员的一举一动，全身心地接受，不妄加判断。领导者的陪伴者角色尤其会在团体活动的中后期更为凸显。此时，团体成员彼此间的互动增加，有了更多的活动参与积极性，同时，成员会发现一切行为的主权都由自己控制，会更少地依赖领导者。团体中已经形成了平等、尊重、安全、接纳的氛围，成员会逐步减轻自我防卫心理，表露出更多的个人信息，并希望去探索问题和解决问题，会更好地自我成长。在团体心理辅导中，领导者也会有更多的自我暴露，更多地与成员分享自己的感受，参与成员的探讨，相互学习，自己也会有收获和成长。

（六）评估训练

在整个团体心理辅导中，领导者始终承担着评估者的角色。在团体心理辅导的每个独立单元结束时，领导者都会引领大家共同分享感受，了解成员的问题、成员参与本次活动的收获，以及掌握本次活动目标的完成情况来及时掌握团体心理辅导的进展情况。在团体活动中期，领导者需要对成员的兴趣水平进行评估。领导者可以观察成员缺席和迟到的次数，也可以观察成员在整个活动中的热情程度。领导者应该了解成员的兴趣以及热情降低的原因，比如，成员是被迫加入团体的或者对活动内容没有兴趣，以及成员的需要是否得到满足等，领导者都应设法对了解到的情况采取相应的措施。在团体活动结束时，领导者会让成员讨论以下主题：你们学到了什么？你们的转折点是什么？哪些是你们喜欢的？哪些对团体来说是困难的？什么样的会谈方式能产生更大的影响？如何用不同的观点重新看待你们经历的整个团体历程？等等。通过以上讨论，领导者可以根据成员的感受及反馈的信息来评估成员个体目标的完成情况。在团体活动结束后，领导者需要对本次团体心理辅导进行总结，对团体目标的完成情况进行评估。另外，领导者还需要对自己在本次团体心理辅导过程中的表现进行评估，为以后的团体工作提供参考。

第二章　高校心理健康教育团辅活动实践应用

第一节　高校心理团辅活动的操作过程与影响因素

一、团体心理辅导的发展阶段划分

团体心理辅导是一个复杂、动态的运作过程。团体从形成到结束往往要经历几个变化阶段，这些阶段贯穿团体心理辅导的全过程，每一阶段都是前一阶段的延伸，同时又是后一阶段发展的基础。了解团体发展的阶段，对于团体指导者和团体成员均具有重要的意义。但是，团体心理辅导到底经过几个发展阶段，每一个发展阶段又有哪些特点呢？许多学者都曾做过系统的分析，提出过自己的见解。由于学者们在研究团体发展过程时可能注重在某一层面的现象描述和特征说明，导致对团体发展有不同的观点，从而产生不同的理论。

卡尔·罗杰斯根据自己多年带领团体的经验，总结出团体发展的十四个阶段，分别为自由活动、抗拒作为个人的表达和探索、叙述以往的经验、表现消极的情感、表达和探索与个人有关的资料、表达与其他成员相处的即时感受、团体发展出治疗的能力、达到自我接纳并开始改变、打破伪装、提供与接受反馈、面质、将帮助延伸到团体之外、发展出基本的真实关系、在团体内做出行为改变。

英国心理学家欧内斯特·琼斯提出团体发展历程包括五个阶段。第一，组合前期，这一阶段的特点是接近与逃避。虽然此时成员开始相互接触、相互认识，但心理上还保持着一定的距离，带有自我保护的心理倾向；第二，权利与控制期，此阶段成员开始角逐在团体内的地位，有时还会与团体指导者产生权利上的矛盾，有些成员会因为不能取得权利而要求退出团体，也会因为不想受团体规范的控制而变化；第三，亲密期，此阶段团体成员仍然处于服从与不服从规范的矛盾之中，但是彼此已经开始相互了解，建立亲密关系，并且积极寻找团体的目的；第四，分辨期，由于团体已经达到整合，成员之间可以自由发表意见，成员之间的沟通已经达到最佳融洽点，不再产生权利争斗；第五，分离期，团体活动的目标已经基本实现，当指导者提出团体结束时，可能会遭到部分成员的拒绝。此阶段成员开始回味团体的历程，需要指导者组织一次评估与总结，使成员做好结束的心理准备。

匈牙利病例心理学家玛格丽·马勒将团体发展分为五个阶段，分别是形成阶段、接纳阶段、过渡阶段、工作阶段和结束阶段；美国心理学家 G. 柯里提出了四阶段发展理论，即初期阶段、转换阶段、工作阶段和结束阶段；美国心理学家吉拉尔德·科瑞将团体历程分为五个阶段，即团体前的准备阶段、团体初期的定向与探索阶段、团体的转换阶段、团体的巩固与终结阶段、团体后的追踪观察和评估阶段；我国社会心理学学者樊富珉提出，任何形式的团体心理辅导都会经历团体的创始阶段、过渡阶段、成熟阶段和结束阶段。

二、团体心理辅导的过程

（一）团体心理辅导前的准备阶段

1.确定团体心理辅导的目标

团体心理辅导常常因为团体目标、发展阶段、参加对象以及规模的不同而采取不同的方法和活动形式。从组织和实施的角度看，所有的团体心理辅导必须首先确定团体的目标，而后才能制订团体活动的计划，确定规模，组成团体。

2.明确团体的性质

团体心理辅导的类型有许多，首先要根据团体成员的特点来确定此次团体心理辅导的性质是成长性的团体还是治疗性的团体，是正式的团体还是非正式的团体。同时还要从整个团体的规划上来明确是采用结构式的团体还是采用非结构式的团体，如果采用结构式的团体，指导者就需要对每一次活动做好充分的计划和准备。

3.确定团体的规模

团体规模过小或过大都会影响团体心理辅导的效果。团体人数太少，成员会有压力，容易出现紧张、乏味、不舒畅的感觉；团体人数太多，团体指导者就很难关注到每一个成员，这样会使成员参与的机会受限制，同时也会妨碍成员之间进行分享与交流，从而影响到辅导的效果。一般来讲，我们需要根据团体心理辅导的目标及团体的性质来确定参加辅导的人数，少则三五人，多则十几人，甚至几十人。一般情况下，成长与教育性的团体相对于治疗性的团体而言可容纳的人数要多。

4.确定团体活动的时间安排

个体随其成熟程度的不同，注意力集中的时间长短也不同。通常情况下，六七岁的儿童，每次活动的时间长度以20—30分钟为宜；小学中高年级团体，每次活动时间则可以延长到40—50分钟；成人团体的活动时间可以更长。团体的活动次数根据团中成员的困扰程度和介入策略不同，可以考虑在6—12次之间，每周活动1—2次。团体活动次数太少、每次活动间隔太长或是活动时间安排不当，都会影响团体的活动效果。

5.选定团体活动的场所

对团体活动场所的基本要求有：避免团体成员分心；让团体成员有安全感；有足够的空间可以活动身体；环境舒适、温馨、优雅，使成员情绪稳定、放松。出于不同龄段的群体适合采取不同的团体形式，所需要的团体环境也有所不同。低年龄层的团体人数较少，空间不宜太大，且必须放置玩具；中高年龄层的团体能用语言进行沟通，适当的书面资料及海报等教具的应用可以提高活动的吸引力。

6.制订团体咨询的计划

确定每次团体活动的目标，活动的内容及形式，所需时间、道具及材料等，并制订计划书。活动设计宜浅显易懂，活泼有趣，能吸引个体参与。一般而言，较结构式的团体计划内容应包括以下九个项目：团体名称；团体指导者，拟招收成员的性质、人数及筛选方式；团体活动时间安排；团体的理念与依据；团体目标；团体评估方法；团体过程表，即各次活动的单元名称、单元目标、预定进行的活动名称；团体单元计划；其他，包括团体宣传、预算、参与团体契约书、团体评估工具、其他相关资料，如活动中用到的图、表、文章等资料。

7.甄选成员组成团体

团体指导者在筹划团体心理辅导时，应该根据团体的目标明确服务对象。团体成员的可能来源包括：成员本人、家长或教师看到团体广告后主动前来报名；辅导人员从现在或过去所接触的相关案例中挑选成员；教师依据团体设计者所列出的行为筛选单，从其所任教班级中推荐符合条件者。报名和推荐参加者并非都适合团体，筛选成员可采用多重评估方式进行，如行为观察、个别面谈等。成员有参与的愿望，还须征得教师与家长的同意。

（二）团体心理辅导开始阶段的目标与技术

1.团体心理辅导开始阶段的目标

任何一个团体心理辅导都会经历启动、过渡、成熟、结束的发展过程。在整个团体过程中，每个阶段都是连续的、相互影响的。团体心理咨询开始阶段的目标是使成员尽快相识，建立信任；订立团体契约，建立与强化团体规范，重申保密的重要性；鼓励成员投入团体活动，积极互动；处理焦虑、防卫、抗拒等情绪；及时讨论和处理团体中出现的问题。

2. 团体心理辅导开始阶段的话题

团体开始时，互不相识的个体一方面很想认识其他成员，同时会有点恐惧感、焦虑感，不知道团体可以做什么。指导者在自我介绍后可以提出一些建设性的话题，比如，“大家认识彼此吗？让我们各自找一个同伴，询问他的姓名以及他最想做什么样的人，然后把他介绍给大家认识。”“以后每周这个时间我们都会一起活动，互相帮助来处理我们共同关心的事情和困难。在这个团体中，我们可以自由畅谈我们所关心的任何事情。”

3. 团体心理辅导开始阶段的技术

（1）环境创设

“良好的开始是成功的一半。”团体指导者对于第一次团体活动不能掉以轻心，必须精心规划，以使后续的团体活动得以顺利开展。开始时，指导者可以将团体活动室布置得活泼、生动些，安排一些自然、简单、容易吸引小朋友的活动，以亲切、愉悦的态度欢迎成员的到来。例如，讲故事、看画报、角色扮演等，这些都是引发团体成员开始讨论的好方法。

（2）制作胸卡

为了协助成员互相认识，指导者可以事先将胸卡制作好，以供成员参与团体活动时佩戴，以方便相互认识。胸卡内容可以标示姓名，并附上可爱的图案，为了增加归属感，胸卡的图案可以让成员自己选择并涂上色彩。如果团体人数较少，则不一定要戴胸卡，但一定要进行相互认识的活动，并安排一些简单有趣的人际活动，以协助成员相互认识、相互熟悉。

（3）热身活动

在团体开始之初，为克服陌生感，帮助成员之间相互了解，拉近彼此的距离，可以开展一些热身活动，激发个人参与团体活动的热情。例如，座位可以采取圆形排列方式，以产生团体动力，使每一位成员都能面对面，平等交流；可以从唱唱跳跳等游戏开始，也可以从非语言的身体运动开始，如游戏微笑握手、无家可归、推气球、寻找我的伙伴等，让成员在游戏中体会团体的作用，在活动中放下紧张、焦虑和不安的情绪，不知不觉地融入团体。

（4）建立团体规则

为保证团体活动的顺利进行，需要团体成员共同遵守一些规则。开始阶段，可以要求成员自己讨论团体契约，便于自觉遵守和互相提醒；也可以由指导者提出，得到成员的附议，如准时参加、集中注意力、坦诚相待、保守秘密、全身心投入等。例如，团体的基本规则如下：第一，保守秘密；第二，不可攻击他人；第三，不在团体心理辅导时间吃零食；第四，当别人发言时要注意听，不随便插话和打断别人的发言；第五，准时出席，中途离开团体必须告知。

（5）团体初期的活动

团体初期的非语言活动包括轻松体操、微笑握手、拍打穴位、信任之旅等。相识活动包括两人组自我介绍、四人组相互介绍、六人组关注练习、八人组连环介绍、句子完成法、组歌等。增进团体信任的活动包括信任跌倒、同舟共济等。

（三）团体心理辅导中间阶段的目标与技术

1. 团体心理辅导中间阶段的目标

团体心理辅导中间阶段的目标是：增强团体凝聚力；激发成员思考；促进团体成员互动；引发团体成员讨论；通过团体合作，寻找解决对策；鼓励成员从团体中学习并获得最大收益；评估成员对团体的兴趣与投入的程度。

2. 团体心理辅导中间阶段的特征

团体心理辅导中间阶段是团体心理辅导的关键阶段。尽管各类团体心理辅导依据的理论不同、目标不同、活动方式不同、实施方法各异，但成员间相互影响的过程是相同的，即成员彼此谈论自己或别人的心理问题和成长体验，争取别人的理解、支持、指导；利用团体内的人际互动反应，发现自己的弱点、缺点及存在的不足，努力加以纠正；把团体作为实验场所，练习改善自己的心理与行为，以期扩展到现实社会生活中。

3.团体心理辅导中间阶段的技术

第一，与个别咨询相似的团体咨询技术。倾听、同感、复述、反映、澄清、支持、解释、询问、面质、自我表露等，这些技术会在本章第三节中作详细的阐述。

第二，促进团体互动的技术。阻止、联结、运用眼神、聚焦、引话、切话、观察等。

第三，不同目的所用的各种活动。促进团体凝聚力的活动，如图画完成、故事完成等；催化自我探索的活动，如我是谁、生命线、自画像等；深入价值观探索的活动，如火光熊熊、生存选择等；加强互动沟通的活动，如脑力激荡、镜中人等。

（四）团体心理辅导结束阶段的目标与技术

1.团体心理辅导结束阶段的目标

团体心理辅导结束阶段的目标是：回顾与总结团体经验；评价成员的成长与变化，提出希望；协助成员对团体经历做出个人的评估；鼓励成员表达对团体结束的个人感受；让全体成员共同商议如何面对及处理已建立的关系；对团体咨询与治疗的效果做出评估；检查团体中未解决的问题；帮助成员把团体中的转变应用到生活中；规划团体结束后的追踪调查。

2.指导者要处理的问题

第一，提前宣告团体活动即将结束。在团体最后两个或三个活动时，预告团体结束的时间。团体活动次数愈多、持续时间愈长，团体成员凝聚力愈高，指导者应提前宣告团体活动即将结束，使成员可以有充分的时间做好心理准备，指导者也有足够的时间在必要时妥善处理成员的失落情绪。

第二，带领成员回顾团体历程。指导者可通过回顾团体活动、回忆团体中的重要事件等方式，带领成员回顾团体活动的经验，并加以统整。

第三，协助成员做好面对未来生活的准备。指导者可以引导成员制订团体结束后个人想努力达到的具体行为目标，相互约定，彼此勉励，使团体活动的成效得以维持并扩展。

第四，进行团体成效评估。可以通过成员填答问卷、分享自己在团体中的体验和成就、展示团体中的作品或作业练习的成果、成员彼此勉励等方式，协助成员整理自己的团体经验。

第五，互相道别与祝福。让成员有机会相互道谢与话别，互赠卡片，表达期望与祝福，使团体活动在温馨、积极、圆满的气氛中顺利完整地结束。成员会珍惜这段团体经历，在丰富、完整、愉悦而非感伤、痛苦、不情愿的气氛中相互告别。成功的告别，对于有分离焦虑的成员来说是一项重要的学习课题；圆满的结束，将有助于成员勇敢地迎接没有团体成员和指导者扶持的生活。

3.团体心理辅导结束阶段的技术

常用的团体心理辅导的结束技术有：结束预告、整理所得、角色扮演、修改行动计划、处理分离情绪、给予与接受反馈、追踪活动、效能评估。结束活动的方式可分为三种：回顾与总结、祝福与道别、计划与展望。常用的结束形式有以下六种。

轮流发言：使每个成员都有机会发表意见，与大家分享自己的心得。

结对交谈：两人一组有助于成员的充分交流，轻松表达，鼓舞士气。

成员总结：由一个或多个成员进行总结，回顾团体过程，其他成员补充。

领导总结：团体指导者进行总结，若有遗漏，成员可以补充。

作业分享：成员将自己的感受、对其他成员的期望等写下来，然后彼此分享。

游戏活动：可以采用化装舞会、围圈唱歌、拥抱握手、联谊会、大团圆等形式进行活动。

团体心理辅导是否能够取得成功以及能够达到怎样的效果受到多方面因素的影响，相比个体心理辅导而言，它是一种一对多的辅导形式，各种影响因素交织在一起，复杂程度和困难程度都要远高于个体心理辅导，可控性也相对较差。下面将列举从不同角度看团体心理辅导效果的影响因素。

三、从团体发展过程看影响因素

我国台湾地区心理咨询专家陈若璋认为，整个团体心理辅导过程中的影响因素可以归纳为以下三类。

（一）前置因素

1.团体心理辅导前的准备

团体心理辅导前的准备包含了成员甄选的方式与标准、团体开始前的教育准备工作以及团体成员的组合等。研究表明，在团体辅导中，以行为指导为主的团体比以说服解释为主的团体更能激发团体成员的积极性和凝聚力，团体辅导的效果也更突出。

2.团体成员因素

团体成员因素包括成员的性别、年龄、受教育状况、社会经济地位、参加动机、性格特质等。研究发现，社会赞许性会影响团体成员在团体中的自我暴露程度，社会赞许性偏中间者会在团体中表现出最多的自我暴露，有利于成员之间形成信任关系。

3.团体指导者因素

团体指导者因素即指导者的性别、年龄、受教育状况、社会经济地位、参加动机、人格特质、领导行为及处理技巧等。有研究发现，“提供者”“社会工程师”“提供精力者”这三种类型的指导者对团体辅导有显著的帮助，而“自由放任者”“管理者”“一般性者”类型的领导者所带领的团体则效果不佳。

4. 团体处理因素

团体处理因素包括团体的性质、所遵循的辅导理论及辅导的焦点、团体结构等。研究发现，低结构性的团体尽管在活动初期成员之间的互动较少，但随着团体活动次数的递增，团体会逐渐具有高层次的团体功能。

（二）中介因素

1. 团体心理辅导过程因素

团体心理辅导过程因素包括团体成员的角色地位、语言、非语言行为、自我表露、反馈等团体内沟通形式。研究指出，具有较高自我表露的成员通常会具有较高的自我概念和较多的成员吸引力，这种自我表露行为能够促进成员间自我表露的次数和深度，但不一定能影响到成员之间的亲密度。

2. 团体心理辅导发展阶段因素

团体心理辅导发展阶段因素包括活动主题的改变、团体成员行为的改变以及领导者行为的改变等。

（三）后效因素

后效因素是指团体的心理辅导效果，包括成员行为改变效果评估等。由此可见，团体辅导的过程是相当复杂的，它会受到多方面因素的制约。

四、从团体动力系统的变量看影响因素

影响团体动力的变量包括三个方面，分别是输入因素、过程因素和输出因素，且这三个方面的影响因素彼此之间也存在相互作用。输入因素是指那些能帮助建构团体的因素、条件等，一般包括两部分：个人方面，即成员及领导者的人格特质、使用技巧、处事态度、拥有的信息等；团体方面，即团体拥有的有形资源和无形资源、团体的规模和团体的目标等。过程因素是指团体动力过程中对团体产生影响的那些实际的

活动，如沟通方式、团体凝聚力、工作与参与规范、团体决定程序等。输出结果指团体运作的产物和达到的成果，包括书面报告、备忘录、不同类型的文件、满意度、个人生活上新技巧的获得等。

五、从沟通的障碍看影响因素

团体辅导的过程从一定程度上来讲是团体成员之间互动的过程，也就是一个沟通的过程，因此，从这个角度看，团体辅导的效果取决于团体内成员之间的沟通状况。毋庸置疑，良好的沟通有助于营造团体成员之间合作、接纳的气氛，不良的沟通常常会产生诸多误会和冲突，进而影响团体目标的实现。贝德纳从以下四个角度对影响沟通的因素进行了阐述。

第一，个体的内在因素。其中包含了个体的知觉选择性以及沟通技巧上的个别差异，即每个人在进行知觉选择的时候都有一定的偏好，而且每个人在进行沟通时所采取的方式也会有所不同。

第二，人际因素。包括团体的气氛是否融洽、成员之间是否相互信任、沟通过程中的信息是否确实可靠、信息的发出与接受者在某些方面是否相似等。

第三，团体结构的因素。这一点与团体特征方面所提到的团体结构不同，它包括每位成员在团体中所处的地位、团体中信息的传递是否连续、准确、信息传递中个人的期望以及团体的规模和场地等。

第四，技术上的因素。这方面主要是指信息传递的方式是言语传递还是非言语传递，以及信息传递的媒介和信息量是否超负荷等，这些都会带来沟通上的障碍，从而影响团体心理辅导的效果。

六、从团体特征看影响因素

一个团体特征的决定因素可归纳为团体领导者、团体成员和团体结构三方面的特征，这些特征影响着团体心理辅导的效果。首先，一个团体能否成功，取决于它是否拥有一个合格的领导者，领导者的人格特质、对成员的态度、领导技术、团体工作的专业技能、经验和准备以及对活动目的的澄清等方面都对团体心理辅导的效果起着重要的作用。其次，从团体成员角度来讲，团体成员的年龄、智力水平、人格特质、求助动机、成员之间的合作水平、承诺水平、信任水平等也会对团体心理辅导的效果产生重要影响。一般而言，团体成员的求助动机越强、成员之间的信任程度就越高，团体辅导的效果就越好。最后，影响团体心理辅导效果的还包括团体的结构特征，其中包含了团体心理辅导的目的与成员的相关度、团体规模的大小、内容的性质、会面时间的长短及频率等。

第二节 高校心理团辅活动的开展形式与常用技术

一、心理辅导教师的角色

一般而言，团体心理辅导是指在一种新型的建设性人际关系中，心理辅导教师运用其专业知识和技能，给个体以合乎其需要的协助和服务，从而帮助个体正确了解自己、认识环境，根据自身条件确立有益于个人发展和社会进步的生活目标，帮助其能够克服成长中的障碍。最终促使个体在学习、工作及人际关系等各个方面调整自己的行为，增强社会适应能力，做出明智的选择，充分发挥自己的潜能。

团体心理辅导中的心理辅导教师应处理好三对角色关系：心理辅导教师必须扮演专家的角色，同时还要扮演成员的角色；心理辅导教师必须既是“局外人”，又是“局内人”；心理辅导教师既是团体的中心人物，又要做到以个体为中心。心理辅导教师这些矛盾的角色是由其特定的身份和在团体中的特殊作用决定的，正是由于心理辅导教师所扮演的这些矛盾的、多重的角色，使团体成员在团体中可以获得在其他环境中不易获得的理解和支持。但是，这种多样性与矛盾性又使心理辅导教师处在非常复杂的人际和心理环境中，要把握好并非易事。因此，团体心理辅导比个体心理辅导对心理辅导教师的要求更高。

根据团体心理辅导过程中心理辅导教师所发挥的作用，其扮演的角色主要有以下几种。

（一）指导者的角色

心理辅导教师必须利用自己的知识和技巧使个体成员发挥自己的能力，实现其个人目标。心理辅导教师的领导职能包括活动前的动员，活动中的启发、鼓励、引导，活动结束时的总结和事后的效果追踪、反馈等。

（二）调解员的角色

在团体心理辅导过程中，心理辅导教师要做一个调解人，协调个体成员在心理辅导过程中出现的矛盾，如个体成员在沟通过程中产生矛盾所引发的冲突、个别个体成员不遵守团体规范等。

（三）教育家的角色

团体心理辅导中的心理辅导教师具有教育的职能，包括讲授新概念、理论与方法，提供新信息，以身作则，为个体做示范。

（四）好朋友的角色

团体心理辅导的魅力之一就是个体成员之间的互动，这种互动既体现了个体独特的个性，也为个体成员之间建立了一种特定意义的依赖，这种依赖的产生离不开心理辅导教师在团体中的表现。心理辅导教师的耐心倾听、仔细观察、真情反馈、倾情投入以及适度的自我袒露，为个体成员建立了安全的环境，有利于个体成员之间建立信任感，使得个体成员可以在自我防卫较低的水平上进行真实的表现，较深入地进行自我探索。

二、心理辅导教师必备的素质

（一）良好的心理素质

在团体心理辅导过程中，教师经常会面对许多难以预见的问题，如个体成员对心理辅导教师的攻击和敌视、团体中出现对立的次团体、个体成员的行为严重违反社会伦理道德标准和法律规范（如吸毒、流氓行为、暴力行为等），个体成员的个人悲惨经历引起心理辅导教师的痛苦回忆等。这些问题的出现使心理辅导教师面临能力、情感的自控程度、价值观、个人修养等严重挑战，心理辅导教师必须有开放、敏感、负责、坦诚等心理素质。

一个优秀的团体心理辅导教师需要具备的特质与团体指导者的特质类似。林孟平总结出成功团体指导者需要具备的十一个特质是：认识自己、接纳自己、拥有自爱和自信；敏锐的自觉；具有自我的肯定；投入并参与；个人的协调与表里一致；愿意做示范；愿意接纳和面对个人的需要；清楚了解个人的价值观；信任小组过程的成功；保重自己、不断更新、不断成长；个人力量与勇敢。

一些国外的团体咨询专家认为，富有成效的团体指导者需要具备的特质包括：关心，坦白，灵活，温和，客观，值得信赖，诚实，强壮，耐心和敏感；接纳自己，与他人和睦相处，喜欢他人；在权威的位置上让成员感到舒适，对自己的领导能力有信心；对他人的情感、反应、情绪、言语产生同感的能力和良好的心理健康水平。

（二）对个体的态度：尊重、同感与真诚

罗杰斯在“以来访者中心”为原则的咨询过程中，指出心理咨询师应必备的态度是；对来访者无条件地积极关注、尊重、真诚，这也是团体心理辅导教师必备的态度。如果团体心理辅导教师能体现出这三种基本态度，就能不断建立一个对团体成员接纳和信任的环境，致使团体成员可以不必自卫及隐藏自己。他曾清楚地指出，团体指导者在团体中最

基本的任务是建立良好的氛围。

尊重体现在团体指导者对成员的态度是亲切的、关心的、平等的。只有在这样的前提下，组长才能与成员建立平等、和谐、融洽的人际关系；才能引导成员之间建立安全、亲切、信任的咨询关系，让成员体会到温暖，让成员在团体中感到愉快、幸福。需要注意的是，无条件地积极关注、接纳和尊重并不表示团体指导者不能拥有自己的价值观。

同感是指对来访者的内心世界有准确的了解，要感受来访者的内心世界，如同感受自己一样。团体指导者要站在成员的立场上去理解他的感受，聆听他的声音，理解他的思想，并能表达自己与成员相同的喜怒哀乐，有时甚至要比成员的体验更为深刻。只有这样，才能使成员产生信赖，才能使成员逐步消除心理防卫，最终敞开心扉，融入团体之中。实践证明，团体指导者同感程度的深浅，是影响成员能否达到融入的重要因素。

真诚是指团体指导者清楚知道自己的价值观和信念，所以在咨询过程中是心口一致、言行一致的，指导的取向不会与自己的价值和信念相违背。真诚表现的行为是非防卫性的、自发一致的行为，不局限于角色，能够与成员分享自我。作为指导咨询的团体指导者，他是一个人，一个有自己独特个性和价值观的人，尽管要避免将其价值观强加给团体成员。但是如果隐瞒这些会使成员出问题时，那么，团体指导者表明自己的决定、需要和价值观是恰当的。

尊重、同感、真诚是团体指导者对成员的根本态度，是一种对“人性”的价值观，也是团体指导者必备的个人修养和职业修养。

三、团体心理辅导的常用技术

指导者为了达成团体心理辅导的目标，发展团体动力，促进成员互助，提升学习效率，适时地采取某些方法、态度、策略或手段，都可以视为是技巧的运用，或称为“技术”。

在团体心理辅导活动进行的过程中，心理辅导教师起着非常重要的作用，他们不仅需要保证活动的顺利进行，还需要随时关注每个个体成员的情况，应对可能出现的突发事件。在开展团体心理辅导活动时，心理辅导教师需要掌握一定的技巧来保证活动的顺利进行。

有学者将团体领导技巧分为三类，即反应技巧（积极倾听、同理心、澄清、摘要）、交互作用技巧（支持、解说、联结、折中、阻止、设限、保护、归纳）和行动技巧（发问、探测、自我表露、示范、面质、建议）。

我国台湾地区心理学者、心理咨询督导师徐西森认为，团体指导者需要掌握的团体领导技术可以划分为团体初层次的领导技术和团体高层次的领导技术。其中团体初层次的领导技术可以归纳为以下十二个方面：同理心技巧；积极倾听技巧；澄清技巧；支持技巧；解释技巧；摘要技巧；反映技巧；发问技巧；开启技巧；反馈技巧；非言语技巧；催化技巧。团体高层次的领导技术可以归纳为以下十五个方面：再陈述技巧；保护技巧；目标设定技巧；建议技巧；面试技巧；立即性技巧；沉默技巧；自我表露技巧；阻止技巧；折中技巧；联结技巧；评估技巧；设限技巧；调率技巧；整合技巧。

在学校开展团体心理辅导活动时，心理辅导教师常用的技巧主要包括以下几种。

（一）同理心技巧

指导者站在成员的立场去体会成员的感觉、需求、经验和想法等，不加入任何主观的见解，可用假设性口吻响应，避免“鹦鹉学舌”的重述，从而获得共鸣性的了解并回应成员，以建立信任的、关怀的团体互动关系。

（二）积极倾听技巧

通过指导者生理、心理的专注与倾听，不涉及评价、判断，注意成员的一切反应，从而掌握成员表达的口语与非口语行为，如眼神、表情、动作等的真正意图。从而营造相互信任的氛围，充分尊重并让成员有宣泄情绪的机会，鼓励自我开放，自我探索。

（三）支持技巧

当成员表达意见、团体动力出现正向或负向发展时，指导者应适时给予支持，特别是成员分享个人内在深层次感受与痛苦经验时。指导者的支持不是形式化的外交辞令，而是辅以非口语专注行为及人性化的尊重，从而激励成员，增强成员的自信，营造和谐的团体氛围，凝聚成员的向心力，并产生学习迁移和人际示范的作用。

（四）摘要技巧

指导者将成员的反应或活动的内容提纲挈领地整理并反映到团体中，使成员能获得进步，避免团体心理辅导过程陷入零碎、分散的局面，有利于引导团体方向。

（五）发问技巧

指导者使用开放式语句有意探询成员的感受、经验与行为，以引导成员对自己行为的内涵与成因进行自我探索。

（六）开启技巧

团体进行之初或团体动力停滞时，领导者及时以口语、非口语行为及活动等形式带领团体成员进入互动交流的情境中，从而提高成员的参与感，提高团体过程的效率。

（七）反馈技巧

指导者通过对成员行为的观察和了解，应适时地表达具体与必要的反应，也要避免过度介入或中断成员的分享。其目的是增加成员的自我觉察，协助所有成员的自我开放，展现“社会—我”的互动动力。

（八）非言语技巧

指导者运用眼神、表情、距离、动作及姿态等非言语行为显示对成员的暗示和关怀，加强成员的示范性学习和自我开放。但运用时要慎重，不宜滥用、误用，必须考虑性别、场合、适用时机，避免专注少数人，避免形成团体的派系或成员产生特殊心态。

（九）保护技巧

指导者有责任营造安全的团体气氛，应随时觉察团体中的各项危机，采取必要的安全性反应，使成员免于不必要的身心伤害、批评或攻击；当然，保护也不应过度，以免影响团体互动和减少成员独立性成长的契机。

（十）自我表露技巧

指导者选择适当的时机进行自我表露，建设性地让成员分享个人类似的经验、感受与看法。自我表露的内容应与成员或讨论的主题有关，避免文不对题、反客为主，甚至情绪失控而挫伤团体动力。

（十一）整合技巧

每次团体讨论告一段落或整个团体结束前，指导者应协助成员整理学习心得。整合时要兼顾意见整合与情感融合，同时结合团体内情境与团体外环境的学习迁移，并给予成员信心，创造出一种自信的氛围，以协助成员成长、适应和发展。

上述技巧本质上并非完全分离独立，有时还有重叠之处，难以区分。对于团体领导技巧的学习与运用，心理辅导教师应重点思考以下问题：这些技巧对团体活动发展的影响如何？对个体成员成长的影响如何？领导的目的是什么？技巧呈现的意义如何？技巧的适用时机是什么时候？等等。由于每个教师人格特质的独特性，对于各种技巧的运用也不尽相同，技巧的使用应有一定的弹性。心理辅导教师在使用技巧时，应多思考技巧本身的意义，才能确保个体成员的利益符合专业伦理的要求。

四、团体心理辅导的开展形式

心理健康教育与学科课程的差异是，心理健康教育是一种“体验—

了解”的课程，学科课程学的是具有科学性的社会经验和自然经验，是一种“了解—体验（应用）”的课程。学校开展团体心理辅导课程的目的是促进个体的健康成长，每一项团体心理辅导活动都有它想要达成的目标，都希望可以通过活动让个体实现心灵的成长，但常用的教育方式常常无法激起个体的兴趣。个体的参与热情不高，他们就很难投入，从而无法达到心灵成长的目标。同时，由于个体的心理辅导不仅仅需要关注个体知识的学习，还需要培养个体其他方面的技巧，传统单一的讲授形式不能满足个体心理健康教育的需要。

团体心理辅导的领域中常使用许多活动形式，这些活动的主要类型可以分为游戏（包括运动、行动、纸笔、纸牌、棋盘和社会技巧等）、手工艺、绘画、心理剧、模拟教室的活动、摄影和旅游等。综合团体心理辅导相关理论和心理辅导教师的实践经验，在学校开展团体心理辅导活动常用的方式有心理游戏和心理剧两类。

（一）心理游戏

1.心理游戏的定义

游戏是成员普遍喜欢的活动，有益的游戏能给他们以快乐并从中受到教育。游戏能尊重参与者的人格尊严，能促进参与者真情的流露，能满足参与者施展自我的需要，它具有欢乐性、自主性、创造性、契约性和互动性等特征。游戏法可以应用在心理健康教育的很多内容中。例如，协助交往的游戏、增强团队凝聚力的游戏、促进学习效果的游戏、增强耐挫力的游戏、增强自我意识的游戏等。

心理游戏，指依据人心理发生、发展的规律，设定一系列游戏并进行筛选、分类、归纳、创新，使之系统化、逻辑化、形象化，达到改进不良心理状态，塑造健全人格，使人健康发展的一系列游戏。心理游戏由于其具有趣味性强、灵活性高、个性化突出、形象化逼真等特征，弥补了团体心理辅导的不足，发挥了“画龙点睛”的作用。

2.心理游戏的类型

心理游戏会促使某些行为出现的机会增多，如轮流、给予回馈、遵守规则、学习如何失败和如何获胜。大部分心理游戏是有规则的，用规则来控制比团体指导者来控制更好。游戏形式的运用对顽劣的成员特别有用，虽然他们很少在开始参加团体时就有兴趣，但他们普遍希望能参与到团体游戏中。研究表明，游戏是为团体成员提供学习和参与活动结果的机会，而不是使他们受挫折。在游戏中，犯错和疏忽的暴露是可以被接受和宽容的，游戏激起的笑声能够降低焦虑情境的产生。

在选择游戏活动时，透过游戏种类和数量的定义，成员更容易制订计划和做决定。团体游戏可以分为以下六类。

第一类是竞赛游戏。这类游戏类似于体育运动，如篮球、足球等。在游戏过程中，既有个体之间的合作，也有对抗的存在。这类游戏往往需要使用一定的道具。

第二类是团体行动的游戏，如躲避球、大风吹等。这类游戏所需的空间较小，规则较少，几乎不需要特别的设备。

第三类是纸笔游戏，如填井字等。这类游戏都可以在一张纸和一支笔的范围内进行，身体几乎不用活动。

第四类是牌类游戏。这类游戏和纸笔游戏一样，只是纸牌替代了纸和笔。牌类游戏和纸笔游戏都可以扩充规则的层次，在团体心理辅导过程中，可以将低层次能力和高概率酬赏的游戏相互配合，能够在短期内提高团体心理辅导的效果。

第五类是合作游戏。这类游戏的酬赏不是来自让某人付出失败的代价。虽然多数游戏在本质上是需要竞争的，但若规则改变了，则会变成合作性游戏。

第六类是棋盘游戏。这类游戏类似于中国象棋，需要一块板子和其他一些物品。从某方面来说，这类游戏很像纸笔和牌类游戏，但它们无法在预定的时间结束，这类游戏开展的前提是成员对此感兴趣，有时还需社会创造性活动来整合社会技巧训练。

3.心理游戏的实施过程

心理游戏的实施一般可分为选择游戏、学习规则、观察行为、分享讨论四个步骤。心理游戏对个体的发展具有身体、智慧、交往、道德、治疗等方面的价值。

第一步，心理辅导教师应选择合适的心理游戏。应结合心理辅导的目标、个体成员的年龄阶段和个体成员人数等条件选择合适的心理游戏。心理辅导教师可以在已有心理游戏的基础上进行一定的调整。

第二步，心理辅导教师应该熟悉心理游戏的规则。心理辅导教师不仅应在心中默记游戏的规则，还需要在心中操作演练一遍心理游戏，对游戏中可能出现的问题和意外有提前的准备。对于一些存在危险性的游戏，心理辅导教师一定要做好安全措施。

第三步，心理辅导教师应注意观察个体成员在心理游戏中的行为表现。对于个体成员在游戏中表现出来的良好的合作品质、良好的策略等闪光点，教师可以在最后分享讨论的过程中予以积极的反馈。

第四步，也就是心理游戏实施的最后一步，即分享与讨论。在这个过程中，心理辅导教师可以引导个体成员讨论在游戏过程中的收获和感悟。借此机会，心理辅导教师可以将在心理游戏过程中的观察反馈给个体成员，在肯定和鼓励的过程中，将心理游戏包含的心理健康教育的内容传授给个体成员，让其得到更深刻的体会和收获。

4.心理游戏的作用

教育学家娜杰日达·康斯坦丁诺夫娜·克鲁普斯卡娅说："对孩子来说，游戏是学习，游戏是劳动，游戏更是重要的教育形式。"心理游戏是一种适合在团体辅导中使用的活动方式。具体有以下几点突出作用。

第一，心理游戏打破了单一交谈咨询的模式，利用游戏的趣味性特征吸引咨询者，使个体成员破除戒备心理和隐瞒心理，起到先入为主的作用。

第二，心理游戏调动了个体成员全身器官参与活动，使其寻找情感发泄点，释放不良的心理情绪，缓解个体成员的心理压力。

第三，心理游戏创造了愉悦的环境，调节主客双方对立、紧张的局面。

第四，心理游戏使主客双方均以平等的身份参与活动，拉近了双方的距离，加深了了解，加快了沟通，便于建立一种相互信任的友谊关系。

第五，心理游戏使问题显现出来，并使问题向更宽、更广、更深的领域发展，起到由外及内、由表及里的作用。

第六，心理游戏利用游戏“有形化无形”的优势，便于被个体成员灵活选择、灵活处理，设定一个相对恰当的解决方案，为个体成员排除一定的心理障碍。

5.沙盘游戏在心理游戏中的应用

（1）沙盘游戏的来源

沙盘游戏心理治疗法始于20世纪20年代的英国，作为一种心理治疗技术，它的基本要素有沙、沙盘以及人与物的微缩模型——沙具。

玛格丽特·洛温菲尔德首创将沙盘作为心理治疗的工具，并提出了相应的理论，她的工作是开创性的。洛温菲尔德将她的沙盘游戏治疗命名为“世界技术”，其主要工具是一个金属盘（装一半的沙）、盛水的器皿、玩沙的工具（如铲子、筛网、漏斗等）、装有大量微缩模型的柜子。

洛温菲尔德的治疗技术被许多不同理论背景的治疗师所采用。他们从不同的角度对“世界技术”做了修改和发展。多拉·卡尔夫是其中最重要的一位，她将荣格的分析心理学理论引入沙盘游戏治疗中，加入了事物象征性、事物原型的观点，将沙盘游戏治疗引向了另一个临床维度，并将其命名为“沙盘游戏”。

目前，无论是理论构建还是相关的治疗技术、专业治疗师的培训，美国和日本在沙盘游戏疗法方面的发展都是有引领作用的。

尽管我国在这方面的起步较晚，20世纪90年代才引入沙盘游戏疗法，但已有一批学者开始研究这一领域。

（2）沙盘游戏的治疗原则

沙盘游戏本来是作为一种游戏疗法发展起来的，它具有非语言结构。每一个人的心灵都有自我治愈创伤的能力，但这一能力因为个别原因有时难以发挥应有的功能，而沙盘游戏以沙盘为中心，创造出一个自由与受保护的空间，在包容、接纳和关注的治疗下，来访者的自我治愈能力得以发挥。

沙盘也可以看成一个“容器”，承载来访者心灵中很多未被知晓的无意识内容。沙盘游戏治疗能够将模糊的身体感觉和情绪通过沙盘中的创造转化为可见的、真切的三维意象。那些沙盘图画好比一个人心灵的门窗，让心理治疗师能与来访者的内在生命建立直接而深入的接触和沟通。

创作沙盘的体验把来访者与其心灵的“土地”联系起来，由此触及其创造潜能。治疗师在一旁的静观默察起着认可与接受来访者表现其心灵世界的作用。

6.奥尔夫音乐治疗在心理游戏中的应用

（1）发展及简介

奥尔夫音乐治疗起源于德国，是德国作曲家卡尔·奥尔夫在慕尼黑的一个儿科专业机构的临床实践中，以奥尔夫音乐教育为基础逐渐发展起来的一种音乐治疗方法。这个由特奥多尔·黑尔布吕格在德国创建的儿科专业机构帮助那些发展障碍和发展残疾的儿童及早地得到诊断和治疗，但黑尔布吕格很快发现单纯的药物治疗并不能满足这些儿童所有的发展需要，因为他们的发展问题是非常复杂的。于是，黑尔布吕格在他的理念中引入了其他领域的专家——除了儿科专家，还有心理学家、医疗治疗师、职能治疗师、蒙台梭利治疗师、教师、社工和儿科护士等各种专业领域的专家组成团队，来为儿童提供服务，帮助他们更全面地发展。奥尔夫作为这个专家团队的一员，在奥尔夫音乐教育的基础上发展出一种治疗方法，即为该领域的儿童提供情感发展的支持，黑尔布吕格将其定义为奥尔夫音乐治疗。

经过几十年的发展、成熟和完善，最初用来帮助那些发展迟滞，发展障碍、残疾儿童的奥尔夫音乐治疗，逐渐应用于更广泛的领域，为更多的人群提供帮助和服务。

（2）基本理念及应用

和奥尔夫音乐教育一脉相承的奥尔夫音乐治疗虽然已经发展成一个相对独立、完善的专业，但二者仍然互相分享着许多相似的基本理念、观点和应用方法。

首先，在奥尔夫音乐治疗中，“音乐”具有非常宽泛的含义。音乐是可以完全用词汇、声音和动作来表达的，如角色扮演、节奏或旋律演奏等。基于这种最广泛意义上的音乐，音乐治疗师能帮助孩子们更加积极地参与到音乐治疗活动中来。同时，这种伴随着愉悦体验的音乐活动会强化学习过程并为之提供持续的动力。

其次，即兴是奥尔夫音乐治疗的核心要素之一。音乐即兴活动为孩子们提供了创造的机会，发展了他们的创造能力，并同时伴随着成功、愉悦的体验。孩子们在音乐即兴活动中提高了自己探索、研究的能力。

再次，奥尔夫乐器是奥尔夫音乐治疗的交流方式之一。这些乐器可以鼓励孩子们更加积极主动地参加活动，也在音乐治疗中为其提供了一种社会交流的方式，让孩子们在游戏的环境中用乐器、音乐来表达自己。

最后，奥尔夫音乐多种感官并用的原则也是奥尔夫音乐治疗的要素之一，治疗师可以用音乐的这个特性来满足儿童的多种需要。音乐活动不仅仅局限于音乐的声响效果，其模式可以是综合的、多样化的。

作为奥尔夫音乐治疗活动的体验者和参与者，可以感受到这种治疗方法的优点主要有以下方面。首先，活动为参与者提供了一个没有威胁的、安全的、积极的氛围。参与者是积极主动地参与到活动中来，还是比较退缩、被动地感受整个活动的进行，只是表面上参与程度不同而已。实际上，在这种鼓励冒险的环境中，参与者是在不同的层面参与到活动中并从中获益的。音乐活动这种安全、没有威胁、积极和充满鼓励的氛围，其本身就可以为参与程度提供一定的保证。其次，音乐活动也为参与者提供了一个模拟的社会，在保证了参与程度的前提下，参与者的社会性功能得到了发展和提高。所有参与者的感受和获益都是在愉悦感、成功感等积极体验的伴随下获得的，这也是从音乐治疗活动获益且获益能泛化到参与者生活中的原因之一。

（二）心理剧

心理剧是由美国心理学家雅各布·莫雷诺创始及发展而成的一种心理治疗方法。心理剧又被称为校园心理剧，校园心理剧是近年来在中小学中逐渐流行起来的一种团体心理辅导的活动形式，是由心理剧发展而来，以心理剧的理论为基础，在校园环境中，由心理辅导教师根据个体的生理、心理特点启发个体通过自编、自演的心理剧解决自我心理问题的一种心理辅导方法。校园心理剧作为一种以现实生活为模型的团体心理辅导方式，它以特殊的戏剧化形式将个体在生活、学习、交往中遇到的冲突、困惑、烦恼等情况以角色扮演、角色互换、内心独白等方式编成剧本进行表演，促使个体在表演中发现问题本质，明确症结所在，找到解决方法。在这一过程中，无论是参演者还是观看者都会受到深刻的启发与教育。

校园心理剧是莫雷诺博士创立的心理剧在校园中的延伸与应用。了解心理剧的基本概念与相关理论，可以帮助心理健康辅导教师更好地把握和应用校园心理剧。

1.心理剧的概念

心理剧主要应用在团体治疗中，随着不断修正，在家庭治疗与个体治疗领域也开始应用。治疗师通过角色扮演的方式展现个案问题的各个方面，然后应用心理剧的技巧帮个案解决问题。如果在团体背景中，其他的团体成员可能会被邀请扮演情景中的其他人，演出之后会有一个分享和讨论的过程。

为了了解个体生活中的问题，心理剧可以澄清团体中人际关系的动力，可以经由演出来探索个体过去、现在、未来的生活事件问题的各个方面。对心理治疗来说，心理剧可以澄清困惑，帮助个体发现新的可能性，增强创造性和适应能力，或者整合以前自己未接受的情感态度的情节。

传统的心理剧是在团体的背景中通过演出探索、扩展的过程，是训练有素的治疗师优雅、复杂地处理问题的过程。心理剧在以下几个方面做出了巨大的贡献：创造性思维、自发性、社会剧、演出、想象、宣泄、自我表达、经验的学习以及深入洞察和治愈的行动力。

2.心理剧的理论基础

（1）角色扮演理论是心理剧的核心

我们每个人在日常生活中都在进行着角色扮演，通过角色扮演我们可以辨认和理解他人所使用的交往符号的意义，并预知对方的反应。正是由于具有扮演他人角色的能力，我们在大多数情况下能够对人际关系的困惑和冲突进行清晰的反思和自我调整，使自己成为一个理性的、心理健康的人。但由于人的复杂性和环境的多变性，个体并不能对所有的事件和观念都进行有效的感知、评估和自我调整，这往往会使人产生心理障碍。

角色扮演理论是心理剧的核心。心理剧为当事人提供了一个不同于日常生活的角色扮演舞台，为展现、宣泄、评估其所经历的心理冲突提供了一个宽松的心理环境，这种独特的角色扮演环境具有激励创造性变化的作用。通过角色扮演，使主角将现实自我和所扮演的角色分离，即使人们把自己和日常生活中所扮演的角色分开，形成角色距离。角色距离的形成可以使当事人从旁观者的角度重新审视和评估自己的心理困惑和冲突，改变以前对事态的看法，重新体验生活的价值和意义。心理剧充分挖掘了角色扮演在心理治疗中的作用，在治疗师尽量少干预的情况下实现当事人的心理学习和成长，尤其对协调人际关系更是具有良好的效果。这里的人际关系包括当事人在家庭、学校、社会中的广泛人际交往。

心理剧让个体有机会尝试多种角色，通过角色间的灵活转换和不同层次的角色扮演，个体可以从一个全新的角度体验他人的位置，理解交往中的情绪冲突和期望，从而改善个体以自我为中心、僵化的人际关系，为理解自己和他人提供了可能。

（2）存在主义是心理剧的哲学基础

存在主义强调人的意志、责任、价值和尊严，认为个人所有的行为都出自他的内在经验世界。所以，人需要对其行为负责，必须变得自觉和有责任感，必须去发现和发挥自身独特的存在意义。

存在主义认为心理治疗有三个基本的任务：一是帮助当事人发现存在的现实意义；二是推动他们自由支配自己的命运；三是帮助他们有效地处理与他人的关系。心理剧的创始人莫雷诺具有存在主义的哲学背景。他认为，我们每个人都存在创造和自我教育的天然趋向，但在来访者和人际关系不良者的身上，这种潜能被埋没了。心理剧可以使这种内在的潜能和价值重新发挥出来。心理剧舞台为来访者的心理成长和学习提供了一个不受时空限制的舞台，来访者可以自由地提出自己的梦想、抱负，展现自己的意义和价值。这并非让他们永远生活在脱离现实的世外桃源里，而是借此激发他们被埋没的创造性和自发性，学会对社会现实的回归和融合。许多心理疾病的产生在于问题或情景的困扰使来访者丧失了其对生活的价值和意义的理解，使其自身所具有的创造性和自发性受到了抑制。心理剧为个体发挥这种潜能打开了一个窗口，使来访者能够清晰地认识到问题的症结所在，从而产生心理的成长和升华。

（3）吸取精神分析理论中的有益资源

心理剧治疗技术也受到精神分析的影响，从中吸取了有益于自己的心理资源。精神分析认为心理问题是由于欲望被压抑在潜意识，换句话说，潜意识是心理问题发生的重要原因。但在一般情况下，由于自我防御系统的存在，潜意识的内容不能达到意识领域，而且潜意识的操作方式是非理性、非逻辑性的，其内容与语言是分离的。正是由于潜意识的这些特点，使来访者很难意识到症结所在，但会表现出各种心理症状。心理剧所提供的宽松的心理环境有可能使来访者降低自我防御，将原先压抑在潜意识的能量释放出来，从而使个体产生一种宣泄后的轻松感。但宣泄不是目的，每次宣泄过后都要进行心理整合，即对过去问题的再认识，使人格结构、人际关系、认知要素得以在健康水平上整合才是最重要的。心理剧还可以将被掩饰的、抽象的潜意识通过灵活的戏剧行为表现出来，将心理问题具体化、直观化，在治疗师和同伴的协助下，个体会对先前无法觉察的问题加以评判和分析，从而消除这些症状。

3.心理剧的基本要素

心理剧的演出是借助团体心理动力的发展变化来推进的，一个以心理剧方式进行的治疗或成长团体，最少要具有五个基本要素。

（1）主角

主角即主要演员，是指生活情景正在被探索的人。在团体中，每一个人都有可能成为戏剧演出的主角。莫雷诺认为每个人都是天才演员，具有自发的表演才能与演技，只要愿意把自己成长中的困惑在心理剧场中表达出来，并对导演和团队其他成员有着极大的信任感，有勇气面对自己的问题。那么在导演的引导下，在团体成员的协助中演绎自己的故事，就能在此过程中学习和成长，获得新的行为模式，得到自我完善。在一个治疗团体中，至少有两个人会来协助主角用心理剧的技巧来化解冲突或经历新的体验。导演或治疗师将会承担协助主角的角色来探索转变的动力和处理挑战的方式。

（2）导演

导演促进心理剧的演出，指导主角什么时候在哪部分发生改变或尝试新的角色，带进支持性的辅角，促进过程的发展。尽管是指导性的，但一个好的导演很明显是以人为中心的，应当为当时的主角服务，而不是把自己的假设和架构强加到来访者身上。导演在心理剧中应发挥的作用有以下几方面。

第一，观察与评估。在心理剧中，导演时常要保持客观的观察态度，一方面，要评估主角的人格特质与心理状态，另一方面，要营造足够的凝聚力及可以一起工作的团体氛围，并通过社会计量学来评估团体动力、团体互动模式。

第二，拟定治疗目标。导演主要根据主角的叙述，在演出过程中决定用什么样的心理剧技巧、达到怎样的治疗目标。

第三，保护主角。心理剧的主角在团体中袒露自己成长历程中的痛苦与隐私时，导演需要让主角得到更多的正面信息，以减少对主角的伤害。在剧场中，导演有责任禁止批评与不原谅的声音出现。

（3）辅角

辅角是心理剧的第三个基本要素。辅角即支持性的演出者，是演出过程中其他人需要的角色。辅角可以代表一个家庭成员、朋友、主管或其他人，但也会表现一些和主角自己的思想相异的部分，如内在自由的小孩等。如果辅角不能恰如其分地表达角色的意义，导演会检讨并纠正表演，辅角有时候会带来洞察性的意义，而这些很可能是导演也没有想到的。这也正支持了莫雷诺的想法，即团体治疗中的每一个人都会是治疗他人的工具。

辅角可以有身体上的接触，可能会激发复杂的感情，方式可能是拉一拉衣袖，摇一摇手臂，或者把手搭在肩膀上等。辅角是场景中的其他扮演形象，因此很可能会出现同一个舞台上多个人的情况。作为重要角色的辅角也会变成主角移情的焦点，而不是被导演或团体中的其他成员全程导演。在大部分团体情景中，其他团体成员是可能被邀请扮演角色的。

（4）观众

观众一般是指治疗团体本身。心理剧不是为了众多观众娱乐来演出的过程，主角对被见证场景的觉察会带来强烈的现实感，越多的人关注当事人的表达行为，他们越不可能隐藏在习惯防御机制背后。

观众也是辅角的来源。当主角的暖身活动开始后，导演会问："在这个场景中，谁和你在一起?"如果主角（我们叫他小黄）谈论到他的家庭，他会回答："我的父亲。"导演会说："挑选一个人出来做你的父亲。"小黄环顾四周，凭直觉挑选了小韩。其他的团体成员也可能走上舞台，扮演小黄的母亲、姐妹以及其他角色。

团体得到反馈是比较容易的，因此当治疗师问："你如何看待刚才的互动?"这样的一个问题会激发更有影响力的反应。导演可以领导团体成员进行简短的演出，让他们体会主角的角色的心理活动，并表达出如何处理与团体中其他人的关系。小黄可能会用到观众提供给他的建议，重新回到他的角色重演事件中。

（5）舞台

舞台是第五个主要要素。为了防止暂时的不信任发生以及促进想象力的发展，导演应强调：舞台就是主角的现实世界并会得到尊重。

4.心理剧治疗的阶段

心理剧治疗包括三个阶段，即暖身阶段、演出阶段和分享阶段。

第一，暖身阶段。暖身阶段包括使全体成员都参与的一系列活动。暖身可能只是导演简短的解释；或者是导演离开座位并开始在房间走动；或者是一些肢体的运动与放松活动。

第二，演出阶段。这是心理剧的第二个阶段，导演要根据来访者的需要选择需要用的技巧。心理剧也是一个以人为中心的过程，要依据团体的历程、来访者的能力以及各方面的准备随时进行调整，在经典的心理剧中，过程的发展会跟随情绪强度的波动而变化。增加暖身活动，演出达到高潮，进入分享阶段。在分享之前，导演应该确保主角和辅角都去角色化。

第三，分享阶段。在主角冒险探索之后，要尊重这个不平常的自我揭露过程，导演可以邀请大家简单陈述表演意味着什么，不去分析，不去批判，只是用团体中他人的生活视角来看。

心理剧不应该被认为是各种技术的大杂烩，各种技术与原理之间是可以相互促进的，整体大于部分之和。例如，做手术时增加麻醉剂和灭菌法（保持器械和伤口消毒）比只使用工具有效，有这些条件才能保证手术成功。同样地，在分享阶段将增加友好的语言、探索性演出、注意身体语言动作、直接对话的力量、用特别的想象力说话等整合起来，可以带来动力性的治疗程序。

5.心理剧的作用

心理剧非常注重当事者的主观体验，这种重视经验的治疗取向充满了人本主义和存在主义的精神色彩，因而，主观经验的重要性势必成为这种治疗的中心。心理剧所呈现的世界是主角知觉到的内在与外在的经验世界。虽然主观的世界与客观的世界有一定的差距，但对主角来说，这就是他所体验到的世界。人是经验的主体，当主体通过外在客观世界收到信息，透过他的眼睛、耳朵或者皮肤进入到他的意识范畴里后，这些客观的信息就成了主观的。心理剧是一个内心剧，它解决的并不是客观的事实，而是探视一个人内在的主观世界里的事实，了解是什么困难在阻碍个体的成长、幸福和快乐。

心理剧以戏剧的形式表现。戏剧是有力的，并且有时还作为主要的动力起到以下的作用：提供一些距离和自我保护；改变心态；在投入的演出和消极的反应、主观和客观、理想和实用、自发性和思考性之间起到中介作用。特别是借着想象，戏剧可以引导我们对复杂的感受、隐秘的情绪和精神层面等复杂的境界有更深入的了解。因此，运用心理剧技术是在个体发展中使想象力发挥作用的一种主要方法。

从角色理论看，心理治疗和教育重点强调的是训练个体处于各种角色下的平衡和完成能力。心理剧的使用方法则是要求我们能有效地学习扮演各种角色，而不只是谈论。心理剧可在多方面提高个体的心理健康水平，是心理健康教育的一味良方，它的表演过程更是具有良好的作用。

（1）帮助个体发现问题、解决问题

心理剧可以帮助个体了解心理过程中的内心冲突与外在表现，为解决心理问题提供切实有效的途径。当个体的问题难以用语言表述时，可以通过心理剧表演，让个体的喜怒哀乐不由自主地流露出来，使其冲破现实生活中的种种束缚，找出问题的症结和解决问题的方式，挖掘出深层的情感，清晰地认识自己，从而在选择解决问题的方法时更具创造性。这种以戏剧表演的方式引导个体深入探索自己的行为和其行为对他人的影响，要比说明、描述的方式更形象、生动，更具效力。

（2）促使个体体验角色、疏导情绪

在心理剧中，个体往往根据自己的喜好或指导者的安排扮演一定的角色。这种角色扮演使他们能够更好地理解他人的处境，体验他人在各种不同情境下的内心情感，增强自身对人际关系的理解，改善僵化的自我中心特点。在演出过程中，鼓励个体扮演多种角色，通过角色间的灵活转换和不同角色的扮演去扩充角色的经纬度。这种角色互换有助于加深个体对自己当时行为的反省，更有助于个体体验他人的情感，从而使其与他人之间的关系更加融洽。扮演者可以体验角色愉悦的情绪，也可以将其内心的不满和积压的情绪通过所扮演的角色这一不算真实却很安全的情境表露出来，将平时积郁在心中的消极情绪、难以表达的想法宣泄出来，以获得情绪的疏解。在这一过程中，其他人的语言行为对自己而言是一面镜子，在镜子中能映出自己的影子，使自我获得洞察力；同时，每个人又可以从其他成员处得到自己语言、行为的反馈信息，使个体学会从别人的角度来看待问题，促进角色的相互理解，缓解人际交往中的紧张、焦虑、冲突以及对立的情绪。

（3）帮助个体塑造行为、改变心理结构

心理剧的背景一般是具体的冲突情境，这就使个体在整个扮演过程中拥有许多直接学习的机会，它可以成为指导者帮助个体改变行为、塑造行为的有效手段。如果有的个体特别害怕在众人面前讲话，指导者可以把这些个体聚集在一起，让他们与健谈的人一起表演心理剧，并设计一些特定的场面，对他们不敢大声说话、神情紧张等行为进行纠正，直到他们能理直气壮地大胆表达自己的感情为止。不仅如此，心理学家在研究中还发现，较长时间的角色扮演经验还可以改变人们的心理结构，由于受扮演中真实、直接的情感体验的支持，所扮演角色的某些特征最终能被内化在扮演者的心理结构当中，从而使扮演者的个性发生实质变化。因此，一个经常扮演优秀角色的个体在生活中也常常会以优秀个体自居。

（4）引导个体探索现实社会、完善自我

心理剧可以帮助当事人扮演自己希望充当的角色，从而获得直接的体验和心理成长。它的演出过程为促进个体对社会的了解，养成关心他人、关爱亲朋、尊重理解他人等积极的情感和良好的行为习惯，为提高个体解决问题、处理问题的能力和方法，提供了一个生动的舞台，从而影响个体行为的改变，促进个体心智的成长，引导个体走健康自我之路。

6.心理剧的常用技术

心理剧作为一种团体心理治疗法，有着特殊的表演技术，恰当地运用这些技术，可以帮助个体理解和克服自我面临的心理问题，提高个体的心理健康水平。下面是在校园中运用心理剧时常用的几种技术。

第一，角色扮演。角色扮演是指个体在特定舞台气氛下的即兴表演。它能使个体过去被压抑到潜意识中的情感体验重新回到意识领域，并通过行为再现出来，从而使个体对已经发生的事件或将要发生的事件的焦虑和恐惧得到控制或缓解。

第二，角色互换。角色互换是指主角改扮成与其有联系的其他角色，如教师改扮成个体或者个体改扮为教师。一般地，当主角尝试与自己存在冲突的那个人达成协议并有所收获时，心理辅导教师可以建议用角色互换的方法。通过角色互换，个体可以转换立场，整合、消化和超越现有的情景，对歪曲的信念、消极的行为进行重新解释和修正。

第三，替身。站在主角的身后，模仿主角的言语行为或替主角说话，并把主角的思想活动和情绪体验，甚至是潜意识中的内容都表达出来，这个角色就是替身。替身是主角的重现，他辅助主角进行自我心理过程的探索，引导主角表达出自己的思想和感受。替身辅助主角，并充当心理辅导教师与主角之间的联络人。

第四，多重替身。多重替身是指多名分别扮演主角人格的不同侧面的人。当主角有多重矛盾的心理感受时，多重替身技术可以被有效地运用。在校园心理剧中，多重替身可以展现主角的多个侧面，可以帮助个体更加全面和深刻地认识自我。

第五，独白。独白是指主角直接面对观众表达即时的，甚至是未觉察的感受和思想。有时，心理辅导教师会要求主角在扮演自己之后自言自语，这种做法不仅可以使主角总结、概括自己的思想，表达自己的情感，更密切地检验自己的情感。而且还可以帮助其他成员更深层次地探索自我情感。因此，独白对参演个体和观众都大有益处。

第六，镜像。这一技巧要求配角与主角相似（至少主角认为相似），好像主角面对镜子看自己一样，因此，这一技术叫镜像。配角夸张地模仿主角的某些行为，然后让主角对这些行为进行评论。

第七，录像。心理辅导教师录制校园心理剧的全过程，等表演结束以后，再组织剧组个体观看录像，并鼓励他们一边观看一边讨论。当他们通过屏幕看到自己的行为时，会产生与镜像技术不同的体验。

第八，来来投射。主角可以把自己对未来的期望融入表演，表演自己未来成为什么样的人、读什么样的大学或从事着什么样的职业、自己未来的家庭生活等。这些技术都对扮演主角的个体积极地面对未来提供了动力。

第九，家庭心理剧。请个体的亲属参演，如爸爸、妈妈、爷爷、奶奶等。家庭成员也可扩大，甚至包括对这个家庭有特殊影响的人物等。

第三节　团辅活动在高校心理健康教育中的应用

大学生的适应能力是大学生全面发展所必备的能力之一，也是大学生团体心理辅导工作重点改善的能力之一，更是加强大学生思想道德教育工作中重点培养的能力之一，有助于促进大学生的思想品德社会化。

一、团体心理辅导在改善大学生适应能力中的效果

（一）团体心理辅导在改善大学生人际交往中的效果

首先，团体心理辅导具有个体辅导所不具备的优势，它通过为团体成员营造一个互动的团体环境，使成员很容易体验到彼此之间的共性和被人接纳的感受，进而充满希望和改善的力量。在团体活动中，团体的凝聚力使每一名成员都有一种风雨同舟的感觉，促使他们敞开心扉，减少防卫心理，团体对每一名成员的支持和帮助更使其感到踏实、温暖。团体心理辅导塑造了成员之间可以相互模仿、相互学习、相互交流的真实环境，为每一名成员提供了交往的机会，因此，特别适用于对人际关系适应不良的大学生。

其次，团体心理辅导方案是针对大学生在人际交往中出现的核心问题而设计的，常见问题有不善于表达，对他人持不信任态度，缺乏沟通技巧，性格孤僻、冷漠、多疑，团体意识不足，自我为中心，自卑等，这些问题都制约着大学生的人际交往。例如，在“相识接龙”的活动中，要让同学们体会到主动交往的重要性，认识到逃避和压抑对健康人际关系的发展是十分不利的。有的大学生在活动后写出“朋友不像老爸老妈是生来就有的”的感受；在“信任之旅”活动中，要让同学们充分感受到相互信任的重要性，两个人只有相互信任，才能并肩战斗，成为朋友。如果互相猜疑，那么这种关系不会维持得太长久；在“扎不爆的气球”活动中，要让学生们掌握人际交往的相关技能，在与人交往时要顾及他人的感受，你想让别人怎样对你，你就需要怎样对待别人。说话办事时，不应该指责别人的短处，应该用欣赏、赞美的眼光来看；在“现任执行官”活动中，要让学生们体会到人际交往过程中沟通的重要性，沟通不仅传递事实信息，而且也传递情感信息，信息传递是否准确，是沟通成败的关键。

成员在参加团体心理辅导后，在与人交往的信心、对自我和他人的接纳、乐观心态的培养、对他人的关心等方面都比之前有了显著的改善。成员在团体中能够无拘无束地展开自己的胸怀，同时还能倾听别人的声音，努力帮助他人解决困难，团体心理辅导后甚至有很多成员成了非常要好的朋友。

团体心理辅导的良好氛围能使成员产生一种安全、温暖、依赖、接纳的感受，当他们发觉团体内其他人员出现和自己类似的问题，并通过积极、努力克服问题时，便会对自己的问题改变产生动力，进而改变其观念，而这种观念改变本身就具有良好的思想道德教育意义。

（二）团体心理辅导在改善大学生学习适应中的效果

高校大学生有着很好的学习基础，学习能力较强。但进入大学后，大学相对宽松的学习环境使得一些本身自制力差、散漫、怕苦、畏难、缺少耐心的大学生丧失了学习的兴趣和动力，部分大学生存在学习方法不当、学习策略不合理、学习时间管理不科学、学习目标不明确、学习效率低下、学习倦怠等问题。针对这些问题，团体心理辅导设计了“时间分割”“性命线”等活动环节，通过团体心理辅导，前后对比效果显著。在团体中就成员的共性问题进行讨论，在团体动力的推动下，获得心理支持，实践社会交往技能，并通过制订一系列的方案来管理时间、管理学习，使成员之间相互监督，创建良好的学习氛围。成员对团体心理辅导的评价较高，团体心理辅导符合大学生发展的身心需求，容易被大学生接受。团体心理辅导帮助大学生解决了发展中遇到的诸多心理困惑，为他们学习新的认知与行为方式提供了良好的渠道。当然，并不是所有的成员都能够通过团体心理辅导提高学习适应能力。因此，有必要针对团体心理辅导中出现的问题，适当调整团体方案。

（三）团体心理辅导在改善大学生择业适应中的效果

首先，团体心理辅导帮助参与者确立了明确的择业目标。在中学阶段，学生有着明确的学习目标，即考上自己理想的大学，这个清晰的目标激励所有学生克服生活中的困难与诱惑。但到了大学之后，一些学生对自己追求的目标就很不清楚，不清楚自己该考研，还是该就业；毕业后去企业做技术、做管理，还是做销售。目标的不明确使大学生在学习生活中十分忙乱，无法区别学习和生活的重点，很多人因此而感到迷茫。通过职业生涯规划团体心理辅导，可以帮助成员确立明确的择业目标，并为这个目标做好充分的设想和打算。

其次，团体心理辅导帮助参与者实现了准确的自我定位。进入重点大学后，大多学生发觉自己已经不再是高中时代教师的“宠儿”，班里优秀的同学比比皆是，面对这样巨大的反差，很多人都曾有过失落和迷茫。在参加了生涯规划团体心理辅导后，他们开始调整自己的心态，树立理性的态度来看待未来职业生涯的发展，制订合理的目标。同时也学会了自己思考和解决问题，学会了自己规划未来，增强了对未来学习、生活的信心。

（四）团体心理辅导在改善大学生情绪适应中的效果

首先，团体心理辅导为团体成员营造了一个非常好的环境。通过营造这样一个相互信任的环境，引导团体成员围绕大家关心的话题畅所欲言，真实地表达自己的感受，在交流中学习和分享各自的观点，达到提升自己的目的。成员在团体内能够充分得到尊重，从而使其情绪适应和满意度有所提高。

其次，在团体心理辅导过程中，成员可以宣泄情绪、相互交流。在团体中，可以将他人作为自我的参照物，可以从其他成员的身上看到与自己相似的经历。同时也可以帮助成员了解自己的不足之处，使成员可以通过不同的角度观察自己，从而获得思想的感悟和提升，这样既能增强自我的归属感和认同感，还能在释放情感的同时，对他人的情感给予理解和支持，也就是在接纳自己的同时，也接纳了别人。

二、团体心理辅导在新生入学教育中的运用

刚跨入大学校门的新生正处在人生的重要转折时期，面对陌生的环境和未知的生活，理想与现实的落差，当初的新奇、兴奋、愉快逐渐消退，焦虑、受挫、担忧接踵而来。如果大学新生在这一阶段不能够很好地适应，就会在以后的学习生活中出现目标迷失等一系列问题，直接影响学生的生活质量。

（一）运用团体心理辅导缩短新生的入学适应期

通过在新生入学教育中运用团体心理辅导，发挥团体心理辅导的特殊作用，团体中的每一名成员经过互动，向彼此介绍自己，相互认识。进而诉说自己的喜怒哀乐，增进团体成员之间的感情和思想交流，打破新同学之间的陌生感，帮助新生建立良好的人际关系。同时，强化感恩

意识、责任意识，培养自主的行为习惯，强化团体意识、合作意识，使每一名新同学都能得到别人的关怀和支持，促进同学之间的沟通和交流，使其对未来的大学生活充满信心。进而更快地熟悉和适应新的环境，早日全身心地投入到大学的学习生活中，缩短入学适应期。

（二）运用团体心理辅导解决新生中存在的共性问题

大学新生大都处于同一个年龄阶段，他们在学习、生活、人际交往、自我意识及情感活动的适应过程中遇到的问题和困惑，从总体上呈现出一种普遍性和规律性。团体心理辅导的形式具有开放、活泼、生动等特点，对大学生特别是大学新生具有强烈的吸引力，其参与的积极性也较高。因此，运用团体心理辅导来解决大学新生中存在的一些共性问题是合理、有效的。在活动的过程中，团体中的每个成员在接受来自团体另一名成员帮助的同时，也可以成为帮助其他人的力量。此外，成员可以同时学习模仿多个团体成员的适应行为，从多个角度了解自己、洞察自己，帮助大学新生解决他们共同面临的困扰。

三、团体心理辅导在大学生思想建设中的运用

大学生思想建设是帮助大学生完成社会化的重要途径，加强团体心理辅导在大学生思想建设中的运用，对大学生适应未来的社会角色发挥着重要作用。

（一）加强团体心理辅导在思想道德课程教学中的运用

大学生适应能力不仅要在实践活动中改善，也要在课堂教学中加以改善。目前的大学生思想道德课堂通过教学改革已经改变了传统的单一的授课方式，增加了小班讨论课，增加了教师与大学生的互动环节，已经得到了较好的教学效果，但仍有部分大学生缺乏学习主动性。为此，可以将团体心理辅导引入课堂教学，提高大学生的学习主动性，在体验、互动中引导大学生成长，完善大学生的基本素质，提高大学生的适应能力。目前的大学生思想道德课程大多都同时具有理论性和实践性，

对于课程中的实践性内容完全可以运用团体心理辅导的方式进行。

团体心理辅导是一项较为适合大学生特点的团体活动。在团体心理辅导过程中，不但有丰富多彩的游戏，而且还有同学间的感悟分享、理论探讨等环节，这种在活动中进行的交流是同学们愿意接受的，是他们通过自己的所思所想得到的，因此很容易消化成自己的观点，进而指导自己的行为。团体心理辅导在思想道德课堂教学中的引入将打破以往的固有模式，建立和谐、平等的师生关系，真正搭建以大学生为中心的课堂，使大学生获得的知识更加深刻，这将极大地增强思想道德课堂教学的开放性与实效性。同时，也将弥补传统思想道德教学的不足，不但可以使大学生在团体中正确地认识思想道德知识，而且可以在活动中将道德知识转化为行为习惯，真正达到高校思想道德课教学育人的目的。

（二）加强团体心理辅导在大学班级建设中的运用

班级是学校开展各项教育活动的最基本的单位，也是大学生思想建设的基础平台，一个学校的管理是以班级为依托进行的。班级建设对于大学生适应能力的改善有着深远的影响，一个优秀班级的形成一定会经历一个艰难而又细致的培养过程。当前，高校班级较为普遍地存在着凝聚力、归属感缺乏的问题，导致高校班级的教育功能、管理功能日益弱化。如果在班级教育管理中，尝试把班集体作为一个“辅导团体”，引入团体心理辅导的理念和技术，结合辅导目的，通过一系列快乐而又有意义的游戏和活动，让大学生形成自尊、接纳、合群的心理品质，这样，一方面可以达到团体心理辅导的目的，另一方面也有助于营造一个民主、平等、和谐的班集体氛围，促进同学之间的交流，形成良好的班风，促进大学生个体和班级团体共同成长。

（三）加强团体心理辅导在党团组织建设中的运用

党团组织是大学校园中最重要的组织，是大学校园内开展各式各样活动的中坚力量，也是培养大学生适应能力的重要载体之一。一些形式单调、缺乏吸引力的活动使党团组织的影响力和参与度都大打折扣。团体心理辅导的引入则可以很好地改善这一状况，通过借助团体心理辅导来开展党团组织活动，让党团员告别枯燥、单调的开会形式，在寓教于乐的游戏中学到有用的知识，改变个人的思想和行为，使党团组织的战斗力和凝聚力得到极大的提升。

近年来，由于我国各高校的团体心理辅导逐渐深入发展，大量教育工作者已经认识到只把贫困生、学困生作为团体心理辅导的主要对象是远远不够的。因此，团体心理辅导要从传统补救性模式向发展性模式转变。各高校对团体心理辅导工作高度重视，这对大学生今后的发展产生了一定的影响。

四、团体心理辅导的具体内容与应用

（一）团体心理辅导的内容

当前，高校的团体心理辅导根据大学生的定义及需求分为压力管理、情绪管理、时间管理、人际关系、生涯规划等方面的内容。

1.压力管理团体

压力是人自身的内心冲突及与此伴随而来的强烈的情绪体验，是一种认知行为体验，由心理压力源及对压力的反应共同构成。在日常生活中，我们处处都会遇到及体会到不同的压力，尤其是大学生群体，同时需要处理学习、就业、生活、经济等各方面的压力。所谓的压力管理就是假设人们需要正面面对压力，不仅不能被它打败，还要学着战胜它。心理学家相信人的思维和行为都可以直接对人的压力感受产生影响，人们对事物本身的评价才是决定压力影响的关键。压力管理团体心理辅导不仅能使大学生正面认知和感受压力，还能教会他们怎样给自己减压，最终学会并掌握压力管理的有效方法，提高大学生承受挫折的能力，增强他们的自信心，让他们保持积极向上的生活态度，勇敢地笑对生活。

2.情绪管理团体

情绪是人们对感觉、思想、行为方面产生的心理和生理上的状态的主观认知。情绪管理则是先引导个体认识自身及他人的情绪，进而协调、互动，最后达到控制情绪的目的，这个过程可以培养个体自身的情商及控制自身情绪的能力，还能逐渐稳定其自身的情绪状态。近年来，抑郁、恐惧、愤怒、焦虑、自卑这些不良情绪对大学生的影响越来越大，有的已经对部分大学生的学习和生活产生了严重影响，如果任由其发展下去，这些情绪还会导致一些身心疾病。通过情绪管理的团体心理辅导，一方面，让大学生自身对情绪有一个完整和深入的认知；另一方面，让大学生更能敏锐感知自身的情绪变化，也能理解到控制情绪对自身各方面发展的重要作用。当然，合理地发泄不良情绪，利用一些心理学技巧及时调整自己的情绪、都是体现自身情绪管理能力的方法。

3.时间管理团体

时间对于每个人而言都很珍贵。如何有效地利用时间，对时间实行有效管理？我们首先要对准备做的事情及时间有一个大概的规划，根据一些规划技巧和方法来完成既定目标。刚刚进入大学的大学生，面对突然变多的可自由支配的时间往往会感到迷茫，不知如何规划，很多大学生因此沉迷网络游戏、热衷社团及社会活动，无法有效地利用时间。对大学生进行时间管理团体心理辅导，引导他们确定自身的价值观和目标，根据对任务等级的排序，按该等级处理每件计划事件，这样可以帮助大学生形成自己的时间管理模式。

4.人际交往团体

大学生大多处在对人际交往的渴求和理解的心理发展时期，心理健康水平也受到人际关系的影响。在人际关系中，他们要求平等，注重精神世界。人际关系较和谐的大学生能从中获取安全感和归属感，也能得到精神愉悦感，从而提高心理健康水平；而人际关系有障碍的大学生则会在交往过程中产生很多抑郁、紧张、焦虑、压抑的不良情绪，或因为孤独、寂寞导致身心都受到损害。在大学生的人际交往团体心理辅导过程中，指导者可以通过这个过程使大学生对自己人际交往中存在的问题有更深的认识，改正一些自己的认知偏见，学习如何与人建立良好、和谐的关系，提高人际交往的能力，促进身心健康发展。其中，团体活动包含对自己人际关系的认识、对团体成员的认知和接纳、自我肯定、倾听训练、学会欣赏及赞美他人等。

5.生涯规划团体

大学生生涯规划是根据每个人的兴趣、爱好、人格，同时结合自身的专业特点和知识结构，给自己未来的工作和生活方向进行一个初步的设想和设计，这有利于认识自我、了解自我，明确自己的方向及人生目标。生涯规划团体心理辅导包括对自我的深入认识、对自我未知能力的探索、对自己内心兴趣的探索、对自己未来职业和生活的规划。通过辅导帮助大学生提高心理适应能力与工作能力，更快、更好地适应职业及社会对其提出的要求，帮助大学生加深对自己的了解、对职业和社会的认知，明确自己的职业发展之路，提高求职技巧，合理入职上岗，尽快完成从“象牙塔”到社会的转变。

（二）团体心理辅导在课程中的应用成效

第一，完善大学生的自我教育功能。在团体心理辅导过程中，团体中各成员通过不同的语言、非语言方式进行交流和沟通，这有利于成员的社会性发展。另外，辅导的过程也是成员主动学习、自我整合、自我完善的过程，这些有利于团体成员的自我教育。

第二，促进大学生心理健康的发展。团体心理辅导活动有利于大学生的社会性发展、心理健康的发展和人格的不断完善。

第三，预防大学生心理问题的产生。团体心理辅导是预防心理问题产生的最佳途径，通过团体心理辅导，可使成员加深自我认识，发现自己的不良行为，并加以纠正。同时，在团体心理辅导活动中，促进了成员间的相互交流。

第四，团体经验在日常生活中的运用。通过团体心理辅导，促进大学生相互之间的信任和尊重，还能让他们学习如何接纳他人及与自己不一样的存在，更能感知他人的需要并关心他人。

第三章　高校转折期心理教育团辅活动设计

第一节　大学生不同阶段活动设计

一、大一学生的团辅活动方案

大学阶段是人生的一个重要时期。大学一年级是大学学习的起步阶段，是为整个大学乃至人的一生打基础的时期。大学新生对大学生活的适应是一个包含生理、心理和社会等几个不同方面的复杂现象。研究和实践表明，大学一年级是大学阶段学习效率最低、淘汰率最高的。究其原因，不是大学新生智力和知识上的问题，而是变化了的新环境中产生的一系列不适应所致。

对这一时期的大学生，要在自身、社会和他人等方面进行维持性、动态性、改造性、前瞻性适应与超越的教育。维持性适应是指大学新生对存在的再生和复制的适应，动态性适应是指大学新生对满足新的需要和变化的适应，改造性适应是指大学新生对自己和环境的调整和修正的适应，前瞻性适应是指大学新生对未来变迁的适应。

“教育的超越性已成为当代教育一个主要现实和主要观念”。教育是形成未来的一个主要因素，在目前尤其如此。个体在一定程度上是一种自变量，但它在更大程度上是一种因变量。因而，它应在适应的基础上超越，在超越的过程中通过适应来巩固和发展已有的超越，在超越以后再进行新的适应。个体和社会一样，就是在这种不断递进的适应过程中，求得发展，推动历史。由此，适应与超越是同一发展过程中的两个方面，适应中有超越，超越中有适应。因此，对一年级大学生活的适应、对大学生活的适应以及对大学后生活的适应，具有同质性和连续性。现有的理论和实践都证明，大学对新型人才的塑造和大学生对大学环境的创造，并不是一种非此即彼的关系。

当代大学新生适应教育的基本内容如下。

第一，适应内环境。大学相对于大学新生而言，是一个全新而多变的具体环境。在这个环境中，大学新生需要首先应对的是对自身的适应。这一部分包括大学新生的适应与自我意识、适应与生理因素、适应与心理因素。

第二，适应外环境。大学新生自踏入大学校园起，需要与其自身适应同时应对的，是他们对他人和社会的适应，即外环境。这一部分包括大学新生的适应与学校、适应与社会、适应与人际关系、适应与家庭、适应与物化环境。

第三，适应协调与失调。这种协调过程始终贯穿于大学，是一个从量变到质变的过程。动态意味着反复，反复就意味着大学新生心理行为与其所处教育环境关系的协调与失调。量变到质变意味着递进，递进就意味着适应的升级、发展，直到超越。这一部分包括大学新生的适应与心理健康、适应行为规范与失范。

根据大一新生的特点，这一阶段的心理健康教育团辅活动的设计以帮助学生实现三个适应为主（内环境、外环境与健康适应），从交友、确立人生目的、增加自我控制力、学习方法指导等主题进行设计。

（一）方案一：新生适应能力训练

这个活动适合在大学一年级开学前期开展，以提高大学新生的适应能力。

设计原理：心理适应能力指的是一个人在心理上进行自我调节、自我平衡，以适应社会生活和社会环境的能力。人在生活、学习和工作中，常常要面对环境变迁、理想与现实不一致、目标受挫之类的问题，这需要人能够主动调整自己，使自己的心理保持平衡。

通过对校园环境的参观，使大学新生尽快适应新的学习环境，并学会利用学校提供的一切条件，尽快消除其陌生感、孤独感。通过此活动教给学生人际交往的一些技巧，使之在较短的时间内结识较多的人。通过对自己大学生涯设计的讨论，有助于新生明确自己的角色变化，树立远大志向，充实、愉快地度过大学生活，并让新生形成时间管理的观念和学会调配时间、管理时间。

活动目的：消除新生陌生感、孤独感；尽快适应新环境；增强人际沟通能力；感受集体的温暖，增强集体凝聚力。

活动组成：五个单元。

第一单元：参观我们的校园

活动目的：使大学新生尽快适应新的学习环境，并学会利用学校提供的一切条件，尽快消除其陌生感、孤独感。

活动形式：参观、讨论等。

1.参观

班主任或辅导员将全班学生集合起来，先向他们介绍学校的基本情况，包括以下内容：何时建校；学校机构、设施、师资力量、师生人数等概况；学校取得的成就；学校近期发展与远期规划；本系、本专业的概况。学生站成两列纵队，在班主任或辅导员带领下参观学校的主要设施，班主任或辅导员作必要的解说。

2.讨论

学生回到教室或寝室后，以小组或寝室为单位，讨论对学校的总体感受。

要求每个学生写一篇观后感，并思考怎样适应大学生活。

说明：本次活动最好在开学第一周内进行。

第二单元：今日喜相逢

活动目的：使大学新生在较短的时间内结识较多的人。

活动形式：游戏。

1.欢迎

指导者事先到达活动地点，欢迎每位到达的新成员，并请其与已到者打招呼。

全体到齐后，指导者开场先自我介绍，并欢迎大家。随后简要说明活动目的与时间、方式等，也留出时间给成员提问，以去除他们心中的疑惑。

2.刮大风

大家围坐成一圈，指导者说明活动要求，然后根据口令换位置。指导者喊口令：“大风刮啊刮，刮到哪里去，刮到穿裙子的（说一个特征，如戴眼镜的）去呀。”有该特征的同学站起来，迅速地换一个位置。然后，学生谈活动的感受，大家分享。

3.滚雪球

大家随意走动，与尽量多的人握手，彼此互相介绍。然后分别结对子，互相自我介绍。接着组成四人一组，互相介绍。

最后结成八人一组，互相连环介绍，介绍内容包括姓名、家乡和某些性格特征。如第一位介绍：我是来自江西景德镇的活泼的XXX。下一位则说：我是来自江西景德镇的活泼的XXX身边的、四川的泼辣的XXX……依此类推。比一比哪一组最先完成。

4.漫谈

留出一定的时间，让各小组同学互相认识，并做一些交流。各组推荐一人上台介绍本组成员。

第三单元：大学生涯设计

活动目的：通过对自己大学生涯设计的讨论，有助于新生明确自己的角色变化，树立远大志向，充实、愉快地度过大学生活。

活动形式：演讲比赛。

1.放松游戏

在室内或室外做一些放松游戏或热身活动，总之，使每个学生达到一种身体的放松。比如，模仿（请某同学做一个动作，大家一起模仿三次）、拍打穴位（大家排成一圈，后面的同学从肩开始拍打，直至前面同学的背部）。

2.自我介绍

每位同学简要介绍自己。

3.演讲

先让每位学生闭目想象自己如何度过这三（四）年大学生活，实现了什么目标（如考上了研究生、入党或荣获了一等奖学金等）。告诉每位学生可以将想象的内容打成腹稿，并试图用清晰的语言表达出来；指导者开始用积极的语言鼓励学生登台演讲。

说明：注意不要给学生太多的心理压力，这样学生可以轻松地去谈自己心目中大学生的标准以及自己以后的打算；鼓励学生应有重在参与的思想，争取每次个人锻炼的机会；让学生明白，谁都不是天生的演说家。

第四单元：我们一家人

活动目的：通过游戏活动，有助于新生了解人际环境与人的心理健康关系密切，使其尽快学会适应新的人际环境，感受到集体的安全、温暖以及集体规范制定的必要性。

活动形式：游戏。

材料准备：每人准备一条长度可以绑住眼部的黑布（或不透亮的丝巾、领带等），纸卷棒一根。

1.棒打薄情郎（暖身活动）

选出一位执棒人站在圈内，由他所面对的人开始叫出一个人名，执棒者马上跑到那位被叫的人面前。此时如果被叫的人无法叫出另一个人的姓名，则执棒人可一棒打下，将他打醒；若他能叫出另一人的姓名，则执棒者就再跑到另外那个人面前，若这个人无法马上讲出另外一个人名，执棒者则照样一棒打下，如此继续下去。可由三五人轮流出来执棒。

2. 无家可归

大家手拉手站成一圈，主持者口令："变！五人一组——七人一组——三人一组——八人一组……"

说明：大家根据口令要求的人数组成小组后，剩余的不足一组的人（即无家可归者）为"孤儿"，要求他们谈内心的感受。

3. 打开千千结

八人一组，大家手拉手，主持者提醒他们记住左右是何人，要求八人在小圈范围随意走动。主持者喊口令："停！"大家原地停住，不得移动，牵住原左右人之手，不可放开。主持者要求大家设法解开这个"人结"，然后要求谈感受。接着十六个人为一组做同样的游戏。

4. 信任之旅——盲行

从刚刚的热闹中让学生先平静下来，然后一半学生扮演盲人，一半学生扮演向导。让向导以自己的方式带领盲人去体验周边的世界，但不能说话或在手心里写字。向导选择盲人时，不可让盲人知道向导是谁，然后带领盲人对外界进行了解与体验，约10分钟左右。回来后，摘下眼罩，两人互相分享3—5分钟。角色互换，最好换新同伴，重复上面的活动。全部做完，指导者带领大家讨论以下几个重点。

一是，作为盲人与向导心情如何？害怕吗？怕什么？

二是，盲人对向导的信心是一开始就有的吗？是怎么产生的？是慢慢产生的吗？带领过程中发生过什么事，使盲人丧失信心或恢复信心？这些与小组历程会有什么联系？

三是，双方如何沟通？向导如何传达信息？盲人是否收到？如何调整、修正使沟通顺利？这使你体会到小组中应如何沟通吗？

四是，扮演盲人及向导后，是否更了解他们？得到了什么启示？扮演过盲人再扮演向导是否容易些？为什么？

辅导员小结：此活动的目的在于协助学生了解彼此的信任是需由自己先做出使对方信任的行为才会产生。另外，在互动过程中，沟通会有误解及扭曲，必须彼此调整、多去体会和反馈，沟通才能顺利，并且使成员体会到同情心。

（二）方案二："如何结识新朋友"活动

这个活动可在学生进行新生教育时使用。刚入校的学生对同学的了解比较慢，通过这个活动，可以帮助同学之间快速熟悉，并形成良好的班级气氛。

设计原理：根据人际交往中人际吸引的影响因素——熟悉度而设计。熟悉度是提高人缘的重要因素，这种现象通常被称为"混个脸熟"，也可以说明熟悉度可以提高自己被别人的喜欢程度。因此，这个活动通过让学生相互介绍自己与他人，与他人尽快熟悉，体会与别人相识的技术与技巧。

活动目的：使学生懂得认识新朋友首先要记住对方的名字，同时也要尽可能让对方记住自己的名字；学习初次见面的交往技巧，尽快地增进同学间的相互了解。

活动形式：小组讨论，自我介绍。

活动地点：有椅子的教室。

参与人员：全体同学。

活动准备：教师课前收集一些记忆方法，如"谐音法""联想法"等，以便让学生更快地记住别人的名字。

第一阶段：热身活动（活动动员）。

为了提高同学参与活动的积极性，辅导员在开始之前，可以先让同学们做一些简单的热身游戏。人际交往常常是以结识新朋友开始的，而记住对方的名字，并让自己的名字嵌入对方的心中，则意味着有了一个良好交往的开端。

第二阶段：活动实施。

1.组成小组

根据当时座位的情况，就近分成4—5人的小组，选一个小组发言人。如果班级人数不多，可以不分组。

2.自报家门

在小组内，每个同学自报家门。对自己的姓名做一个容易记忆的解释，让他人能很快记住，并将自己的性格、特点、爱好向大家作简要介绍。如同学甲："我叫牛文华，我来自山西平遥，平遥的牛肉全国闻名，我的歌声可以与于文华一起演出。"

具体操作要点：老师宣布活动内容后留给学生一些时间考虑。在学生发言过程中，既要注意趣味性，也不能出现低级趣味。

3.介绍别人

两个组合成一个组，由小组发言人将组员的情况对另一组同学进行介绍，并尽量对组员的名字特点进行说明，并将对方的特点尽量形象地加以说明。

同学之间相互交流，认识对方。以此类推，请发言人向全班同学介绍一些同学。

4.经验交流

在小组内交流，看谁记住的人名多，各组选出记住人名最多的同学。这些同学向全班同学介绍记住人名的办法。

第三阶段：结束阶段。

在活动结束阶段，对记人名快的同学及时给予鼓励，如微笑、鼓掌、赞扬等；让那些名字被所有同学记住的同学谈感觉，也让那些名字不容易被记住的同学谈感觉；让那些觉得自己特长比较明显的同学现场表演，在快乐的活动中结束。

具体操作要点：教师可以通过学生的发言，引导学生总结出一些方法，如“形象比喻法”“谐音法”“联想法”等。学生在找记忆方法时，不强求方法的正规，只要有效就行。

二、大二学生的团辅活动方案

大学里有这样的话：大一不知道自己不知道，大二知道自己不知道，大三不知道自己知道，大四知道自己知道。这就是大一时的无知与轻浮、大二时的充实与渴望、大三时的忙碌与潇洒、大四时的留恋与展望。大二学生的专业学习任务加重，个人也从怀疑自己与环境是否适应走向了发展自己与规划未来，因距离考研与就业还有一段时间，外界刺激对个体心理环境的影响相对较弱，个人成长中内在刺激的影响增大。这一时间的活动设计要更多地注重清理学生成长中遗留的问题，活动中带有更多的指导性。

大二学生以提高基本素质为主，在不断发展学生能力的同时，从自我认识、情绪管理等方面进行心理健康的维护活动。大二学生心理健康教育团辅活动的设计也着重集中在这些方面。

（一）方案一：自信心的培养

设计原理：自我价值是在成长过程中建立起来的。在孩童阶段，身边的成人引导其去理解每一件事和做出反应的行为的方式决定着这个人能否培养出足够的自我价值。自我价值存在于潜意识的深层中，它决定一个人的信念、价值观、规条，它决定一个人一生的成就，它也是今天社会里种种个人问题的成因。简单地说，自我价值包括自信、自爱、自尊。

自信就是信赖自己的能力。一个人对自己没有信心，就不能对别人有信心，别人对他也不会有信心；自爱就是爱护自己。一个人不爱自己，就不能爱别人，别人也不会爱他；自尊就是尊重自己。一个人不尊重自己，就不能尊重别人，别人也不会尊重他。

如果一个人在成长过程中未能建立起充分的自我价值，例如，他内心的价值感只有三十分，他可能会有两种心态：第一种是认为不能让别人知道他内心只有三十分，故此，不惜一切地去维持“我有八十分”的假象，表现出的行为是不肯认错；注重面子；坚持己见，不顾他人等。第二种是知道自己不如人，就处处退缩，怕承担责任。自我价值不足的青少年会用种种方法去寻找增加外表的分数，例如，爱买名牌产品、崇拜歌星明星、标奇立异、与暴力搞事的人为伍和种种出位行为等。大学阶段正值自我价值探索和建立的重要阶段，通过此活动，可以帮助大学生了解自我价值，并探索和找到自我价值提升的方法。

活动目的：通过活动使学生了解自我价值的现状；寻找到提高自我价值的方法；增强自我成长的意识。

活动方式：小组讨论。

活动地点：不限。

材料准备：有关自信的讨论表，信纸等。

活动过程分为以下六个步骤。

第一步：先进行一些热身活动（根据场地与喜好选择1—2个活动）。

第二步：分成5—6个人的小组，将有关自信的讨论题目表发给同学讨论。进行自我价值不足——认识练习，4—6人一组，挑选以下题目中最感兴趣的进行讨论，研究这些与自我价值有什么关系。

如：在自助餐中拼命吃价格贵的食品；约了人总是迟到；贪心、爱贪小便宜、易受到赠品的吸引而购物；说好了却没有做到。

第三步：在小组内讨论，找出其他与自我价值不足有关的行为表现。讨论提高自信的方法。

第四步：每个人思考，到今天为止，你拥有多少和多大的能力才能懂得和做到很多事？你有注意到和认识到你自己有些什么能力吗？所有能力都是经由体验而发展出来的，所以，多做多用是最可靠的和最有效的提升能力的方法。尤其是每次比上次多增加点难度，每次的提升便会更显著了。再思考一下，你最想拥有而尚未满意的是些什么能力？想出三个就可以，先掌握这些能力的途径，然后在每条途径定下三个实行的步骤。

第五步：请每个同学在小组内发表自己的体验。

第六步：创设优良圈，结束本次活动。

请全体同学手拉手围成一个圈，闭上眼睛，回忆自己最成功、最自信的经验，想象这种回忆就在圈内，想象什么颜色最能代表这份能力，什么动物、植物或东西最能代表这份能力，并投入圈内。最后，请全体同学往前迈一步，一起进入那个放着全体同学成功经验的圈，加强自我体验。

具体操作要点：在第二步的活动中通过讨论，让同学们不断反省自己的自我价值感的情况与水平，探索为什么这些现象与自我价值感有关。辅导员将这一活动引入时，要给学生足够的时间讨论，同时注意引导。在第四步的活动中，要引导学生看到自己身上的优点，引导学生关心如何利用自己的优点来达到自己的目标，并做出相应的行动安排。在这个活动中，主要是让学生利用自身的资源来达到自己的目标，从而提高自信。

（二）方案二：确定学习方向，学会学习

设计原理：很多在校学生对自己整个大学四年的学习生活很迷茫，尤其在学习方向上不明确，甚至有的同学会认为学习和能力培养是一对矛盾体。因此，不能很好地把握大学学习和提高能力的机会，也不会很好地分配自己的学习生活时间。通过交流会的方式，让高年级学生对低年级学生在学习、工作、生活等方面有个很好的指引，尤其是在准备考研的过程中如何去确定专业方向、如何去准备研究生入学考试等。

活动目的：通过与考研成功的同学（以下简称研究生）交流，获取学习动力，学会处理专业学习与考研的关系；学会处理考研与锻炼能力的关系：学会处理考研与情感的关系等。

活动形式：与研究生对话。

准备工作：对邀请者进行必要的选择，尽可能涵盖不同的专业、不同的学习基础者，最好是学生党员并担任过学生干部，口才较好，考取的是名牌大学等。所请的研究生数量以4—5人为宜。为了营造气氛，需要在黑板上或利用课件制作一幅宣传画面，最好能体现出向成功者祝贺及取经的意境。摆好桌凳，让研究生与学生面对面坐下，主持人（辅导教师担任）坐在左右两侧的位置，与研究生和大学生呈90°为宜。

介绍嘉宾：主持人介绍研究生，然后请研究生面对热情的崇拜者们说一句最能表达此时心情的话。

对话：主持人先根据平时收集的大学生存在的学习心理问题向每位研究生提出一个问题。如，“你认为谈恋爱会影响考研吗？”“你是什么时候确定了考研方向？”“确定了考研方向后，就不要当学生干部了，对吗？”“你考研成功有没有秘诀可与大家分享呢？”等等。由学生自由向研究生提问题，研究生给予回答。主持人请研究生用最精辟的语言对大学生进行鼓励。

说明：主持人要注意调节气氛，使学生与研究生的对话在轻松、愉快、融洽的气氛中进行，要鼓励大家实话实说，忌流于经验介绍的形式，使大家不能有效地沟通。

布置作业：主持人小结并布置学生写心得体会。

三、大三学生的团辅活动方案

（一）大三学生的心理特点

大三已是大学学程过半之时，进入了学习专业知识的阶段。学生心理社会化的水平有所提高，开始思考人生与社会发展的关系，着手设计自己的人生，他们的心理特征更趋向成人化。

1.“成人感”的心理意识增强

对大三学生来说，“成人感”已不再是一种意愿，而是一种必须，并且在行动上开始认真思考和体验。调查表明，有50%以上的大三学生把探索人生和社会问题作为考虑的主要问题；有60%以上的大三学生把哲学、人物传记、心理学、管理学等反映社会现象和人生道路的书籍作为课外阅读的重点内容。大三学生已不再幼稚地追求外界对他们成人身份的承认，而是在寻找成为理想成人的理论依据和做人的榜样。由于他们还不能正确地运用辩证唯物主义和历史唯物主义的观点去认识和分析复杂的社会现象，以及缺乏足够的知识和社会阅历，因而使他们在思考和探索人生过程中，感到内心的矛盾和苦恼。

2.在学习动机方面，产生了一种“浪子回头”般的心理

绝大多数的大三学生在从二年级进入三年级的时候，都有一个对前两年学习状况的总结和反省。不少学生对前两年由于“歇歇脚，松口气”等思想而耽误了学习产生了自责和不满，从而产生了“浪子回头”般的学习积极性。他们的学习目的日益明确，专业思想趋向稳定。开始把学好专业与国家的发展、个人的前途紧密地联系起来，并开始比较现实地设计自己的成才之路。

3.个性社会化的水平提高，人生的目标趋向具体和实际

大三学生在人生观、世界观的形成过程中，家庭和学校的影响程度趋向减弱，他人和社会的影响逐渐增强。他们关心个人的前途，又关心国家的形势，对社会与个人的联系的认识深化了。他们喜欢那种摆事实、讲道理、生动活泼的形势政策教育，对那种空洞无物的、形式主义的东西是十分反感的。大三学生由于马列主义水平较低、识别能力不高，还存在接受各种错误思潮影响的可能，这是值得心理健康教育教师重视的。

4.强烈的性意识与正确处理异性关系之间的心理矛盾

大三学生恋爱关系的确立既有感情的基础，又有许多“成熟”的成分，对对方的品德、才气、家庭状况、外貌等方面要进行综合评价。与大学一年级和二年级相比，感性型者减少，理智型者增多。大三学生把恋爱视为名正言顺的事，可以公开地形影不离，反感教师与家长的干

涉。大三是容易发生热恋的“狂热期”。这种狂热往往与学生不会处理和对待异性关系、繁重的学习任务以及对未来人生之路的设计发生矛盾，从而使他们的内心常常产生沉重的苦闷情绪，这是教育者应特别注意的。

根据大三学生的心理活动特点，我们在这一部分主要是针对大三学生的成人感与对未来生活的规划而设计的活动。

（二）方案：澄清价值观

设计原理：一个适应社会、身心健康、人格成熟的人应该清楚自己的价值观，并了解自己价值体系的建立过程与基础，并不断内省。价值观不仅影响人对事物的选择，也影响与他人的相处和沟通，最终影响人的生活，影响人的发展。本设计通过在团体咨询过程中，澄清自己的价值观，了解他人的价值观，在比较、交流之中，最终确立正确的价值观。

活动目的：让学生明确自己的价值观，理解他人的价值观；协助学生对其个人的人生价值观做具体的探索并能在生活中做明智的抉择。

活动方式：小组讨论。

材料准备：纸，笔。

活动时间：1—2小时。

活动过程分为以下七个步骤。

辅导员首先将团体成员分成7人左右的小组，然后告诉大家：

第一步：假如现在你的宿舍正被烈火吞噬，情况危殆，时间只允许你冲进火海取出三样东西，你会选择哪三样？先后顺序是怎样的？为什么选择这三样？它们对你有什么价值？还有没有重要的物品列入抢救之列？为什么？给成员10分钟左右让他们想一想，并写在纸上。

第二步：每个成员在小组内交流，告诉其他人为什么如此选择。

第三步：辅导员引导成员开始第二个活动。首先将纸横放，写上“XXX的生命曲线”，然后在纸中央画一个坐标，横坐标表示年龄，起点是成员出生的时间，终点是成员预测的死亡年龄。在这条线上找到成员现在的位置，纵坐标表示对生活的满意度，正面的事件标记在横轴之上，负面的事件标记在横轴之下。

第四步：辅导员让成员闭目思考一下，成员自己找出过去生活中的一些重要的转折点以及对当前的人生仍具影响力的重要事件或经历，并评价一下自己对这些重要事件的感受。按照发生的时间和对此事件的满意度，在坐标上相应位置用一个点表示，并简要地把事件标注在点的旁边。将不同的点，即以往的生活经历用实线连成线；对未来的展望，则可以把成员一生想做的事和想在什么时候做都标出来，并用虚线连成线。

第五步：每个小组根据下列问题讨论5分钟：成员在过去的日子里最难忘的三件事是什么？在今后的日子里最想达到的2—3个目标是什么？数一数在过去的岁月中，影响成员的重大事件，是位于横线上面的多还是位于横线下面的多？上升和下降的幅度怎样？你有什么感受？成员对自己生命的质量是如何评价的？请仔细地再看看这简单的生命曲线，亦留心自己内心的反应，想一想“我是谁”。如果让别人给你写一则墓志铭，你希望上面写什么？与你自己写的有区别吗？

第六步：每一成员认真写下自己的决定和遗嘱，再向组内其他成员讲述，并解释原因。

第七步：最后选择每个组的代表谈论活动的感受；讨论此次的这感受对今后的生活有什么影响；通过与他人的交流，对自己有什么启发。

四、大四学生的团辅活动方案

（一）大四学生的心理特点

大四的学生即将结束大学生活，他们此时的心理发展比较稳定和成熟，正处在面对现实、做好步入社会的心理准备阶段。这一年，他们的心理活动是复杂的，心理状态是不平静的，其心理特点如下。

1. 具有不同程度的紧迫感

临近毕业的大学生觉得大学生活一晃而过，还有好多知识没有学到，好多事情没有做完，感到时间不够用。毕业实习、毕业设计和毕业论文提醒和迫使他们充实和调整自己的知识结构。尤其是毕业实习，这是他们第一次接触生产或职业的实践，从心理上必然把这种实践与未来的职业相联系。有些大学生会发现“书到用时方恨少”，往往对大学四年所学的东西和走过的道路重新做出评价。不少人发出叹息：“要是让我重新上大学一年级就好了。”“要是再给我四年，我肯定会学得更好。”有些大学生自我定位不够准确，对自己所学专业缺乏深入的了解，对专业的社会需求分析不透彻，并且缺乏一定的自我决断力。面临考研、就业的压力，出于对自身能力的怀疑和社会环境的生疏，使他们产生不同程度的紧迫感。面对就业压力，大学生显然没有足够的经验和信心坦然面对，由此便引发了一些学生对前途的焦虑和不安，产生了就业焦虑症，直接影响到正常的学习生活。

2. 依赖心理仍然存在

当代大学生群体中，独生子女所占的比例越来越大。鉴于此，大学生的就业依赖心理较强烈。有些大学生虽然接受了数年的教育，但是对自己的认识却不够清晰，缺乏自主决断的能力，不能积极主动地去竞争，反而把自己的顺利就业寄托在父母、学校身上，“等、靠、要”思想严重。

3. 怀念感依旧，对未来期待

毕业阶段的学生对自己即将远离生活过四年的大学校园、学习生活、同学朋友表现出一定的心灵失落、黯淡、神经质。特别是毕业前夕，就业与考研都结束以后，可能转变为某种方式的放纵、麻痹。不过，对于毕业后崭新的生活方式，他们充满了期待，这在一定程度上可以抵消离别所带来的失落情绪。

4.性心理的发展趋于理智与稳定

由于即将毕业，大四学生面临许多实际问题的考验，他们对恋爱、婚姻问题比起低年级学生头脑更清醒了，不少人经过四年的彼此了解，爱情的基础更稳固了。大四学生谈恋爱的成功率是比较高的，在表达感情方式上也变得理智与大方，恋爱趋于公开化且稳固性较高。

（二）方案：大学四年总结

设计原理：此活动主要以倾诉为主。团体成员在一起生活了四年之久，很多方面都需要大家进行反思和整理。

活动目的：帮助学生对大学生活进行反思与整理。

活动方式：将团体成员按每组5—8人进行分组，小组讨论。

活动过程：分为回顾篇、现在篇、未来篇三部分。

回顾篇：团体成员回顾四年来的所得、所失、所感、所悟以及需要感谢那些对自己有过帮助的人、印象最深的事情，等等。每个人轮流发言。

现在篇：成员讨论经过四年的学习和生活，团体成员在哪些方面有所进步，现在最不满意的地方在哪里；是要继续进行学术上的钻研还是要走向社会开展自己的事业；面对爱情和事业，哪个更重要。

未来篇：延续以前的活动，更加认清自己之后，再思考自己要成为怎样的人，在步入社会之后应该怎么发展自己、完善自己。

辅导员或班主任进行总结发言。

第二节　大学生适应能力活动设计

大学生活可谓是荆棘与鲜花同在，机遇与挑战并存。任何人进入新的环境，都会产生某种程度的不适应，这是非常正常的现象。对于大学新生来说，突然面对许许多多的变化，自然需要一个适应过程。在大学，每一个学生都经历了一个重新评价自己与他人、重新确立对自己看法的过程。要让自己在学校这个大熔炉里锻造成钢，就必须尽快适应大学生活，完成从“旧状态”向“新状态”的转变。

一、我的大学我的家

大学阶段是人生的一个重要时期，大学一年级是整个大学生活的起步阶段，在这一时期，大学新生要经历很多的转变、适应和成长。

（一）由个人成长到共同生活——集体生活的适应

学会独立生活、学会过集体生活是迈开人生道路的第一步。在大学，一个彼此关心、相互谅解的集体会给每一个同学带来开朗的心境和愉快的气氛。而一个人心离散、感情淡漠的集体会使人感到压抑，而且人在其中也会变得自私。生活在一个温暖的班集体、寝室集体中，是每个大学生的愿望，这也需要大家的共同努力。

1.尽快提升集体凝聚力

从群体的角度来说，建设良好的班集体和寝室集体就是在增加群体的凝聚力。新生刚入校，相互没有成见，对彼此都有新鲜感，老师和同学都要抓住时机树立良好的班级风气、寝室风气，共同建设团结互助、积极向上的新集体。可以组织形式多样的活动丰富大家的生活；设法发挥每个成员的积极作用，树立班级成员的主人翁意识；还应注意体察有些同学遇到的困难，尽力帮助他人排忧解难，使每个人都感到集体的温暖，增加集体对同学的吸引力。

2.养成良好的生活习惯

从个体对群体的意义上来说，大学新生从一开始就要养成符合大学集体生活特点的、有规律的、良好的生活习惯。

第一，要有集体作息制度的观念。学校作息制度是根据学生年龄的心理特点和学校多年教学经验而制定的。如果大家都违反作息制度，就不能称其为集体。不能合理安排学习和休息的时间，要想取得好的成绩是不可能的。从学校的教学秩序上看，如果没有统一的作息制度，学校也不能高效运转。因此，每个同学都应自觉地遵守学校的作息制度。

第二，要有集体生活的观念。集体生活是由烦琐的生活小事组成的。从统一的作息时间到轮流值日，保持室内清洁与开水供应；从个人衣物的放置到空间的整理美化，大家在言谈笑语中互相尊重与礼让，不同个性互相包容……也许这些看起来是平凡的小事，却是集体生活赋予每个人同等的权利和义务，是对每个大学生为人处世、品德修养的检验，是形成积极向上的集体风气的重要基础。

第三，要多为他人着想。由于大学生活是集体生活，学生们的饮食起居、学习娱乐都在一起，因此，自己的一言一行、一举一动都要为他人着想，要用尊重去换取他人的尊重，用关怀去赢得他人的关怀，以快乐去换取他人的快乐。创造温暖的集体氛围不应等待别人的努力，每个人都应从自己做起，要学会关心集体，严于律己，宽以待人。

（二）由严格监管到自主自律——管理方式的适应

大学管理制度与中学相比，其变化主要体现在教学管理、学生公寓管理与学生管理方面。从教学管理上看，大学已实行学分制，学分是衡量学生是否完成教学要求的标准。学生不受学习时间限制，根据自己的实际情况，可提前修满学分提前毕业，也可以延长学习时间；从学生公寓管理上看，大学更多强调学生的自我管理、自我教育、自我服务、自我约束；从学生管理上看，大学的管理属于全面管理、网络管理，学校各个职能部门都直接参与学生管理，如思想教育管理、学籍管理、宿舍管理、课外活动管理、学生组织和社团管理等。

在中学，学校对学生的管理和学习指导都比较具体，校规严格，学生自由支配的项目和时间不多。相比而言，大学的管理制度较为宽松，大学鼓励学生的个性发展，大学生在学习科目、时间支配、生活安排等方面的自由空间相对较多，但也会使人产生困惑，有的学生甚至因为过度放松导致学业荒废。

绝大多数学生都是远离自己的亲人，孤身一人到异地求学，其中大多数学生是初次离开父母独立生活。在大学，衣、食、住、行全靠自己，要求学生有一定的生活自理能力。另外，一个寝室要住几个人，有些学生也会很不习惯。大学新生要尽快进入角色，尝试用更高的要求来约束自己，学会有计划地分配自己的消费支出；随着季节的变化适时增减衣物；在集体中生活，还要有宽阔的胸怀，乐于助人，团结友爱。

（三）由应试教育到专业教育——学习模式的转变

大学教育是专业教育和通识教育的结合，一方面，课程门类多，教学节奏快，自学时间增加；另一方面，在一个班级授课的教师较多，在课后与学生的沟通较少，学生的学习效果及知识的巩固全靠自觉。

从中学到大学，是从被动的“要我学”向主动的“我要学”学习模式的转变。大学已经不可能再像中学那样对学生学习的过程监管得那么具体、细致。在学习时间的支配上、学习计划的安排上、学习潜能的发挥上，大学新生都有了更加广阔的天地。因此，大学生应该提高学习的自觉性，充分发挥学习的主观能动性。

大学的学习内容具有较强的专业性、职业定向性和实践性的特点，这就要求学生不仅要掌握本专业各学科的基础知识，还要有较强的实际应用能力。因此，大学新生必须调整自己对大学学习的认识，尽快适应学习内容上的重大改变。

大学的学习内容以自主性学习为主，学习的独立性、批判性和自觉性要求提高了。此外，大学生还必须把课内的知识与课外的学习相结合，注重知识的应用，这对未来职业生涯具有重要意义。因此，大学新生要尽快调整学习方法，注意培养自学能力，学会制订学习目标，合理安排时间，学会查阅各种专业资料，学会记笔记、写摘要、做综述，学会独立自主地获取知识。不盲目崇拜学术权威，要相信自己通过独立思考和探索所得到的正确结论。

大学新生还要注重实践环节，积极参加学生组织和社团，争取实习的机会，通过各种途径培养自己独立学习和工作的能力。

（四）由简单单调到丰富多彩——课余生活的适应

如何安排好课余生活是摆在新生面前的一个问题，成为大学生后放下了高考包袱，接触的社会面加宽，精神领域扩大。相对于简单单调的中学生活，大学的业余生活是丰富多彩的，学生可凭自己的兴趣与能力参与各种文艺、体育、社交等活动。然而，有的学生还有着“中学用了功，大学松一松”“中学吃了苦，大学补一补”的思想，主要表现为学习上有不同程度的懈怠，思想上放松了对自己的要求，将大部分的精力用于学习之外的其他活动。其实在大学里仍然充满竞争，学习仍是学生在大学的主要任务。学习、生活及其他精神文化领域都需要自己有更高的能力去适应，面对多样的选项，大学生应当学会根据自己的特点和需要进行正确的选择。

二、适应新环境，迎接新挑战

对大学新生进行适应教育既是时代发展的需要，也是大学教育改革的需要，更是大学生素质提高和可持续发展的需要。新生常见的适应不良主要有失落、迷惘、孤独和边缘感，要通过对自我的正确定位，确定适当目标，积极主动交往，融入集体，这些问题都会得到缓解或消失。

（一）失落感——自我定位

经过高考的激烈竞争，考上大学的新生无疑是命运的幸运儿。但许多学生进了大学之后才发现现实中的大学与自己期待已久、梦寐以求的大学差距很大，由此导致心理失落。特别是许多高分的同学因填报志愿等原因被不如意的学校录取，造成心理上极大的反差，有的学生甚至心灰意冷、意气消沉、心态对立。

有些学生在中学阶段成绩一直处于领先地位，是受老师器重的学生干部，但在人才汇聚的大学中表现并不突出，内心不服气；也有的学生对专业缺乏兴趣，认为“走对了路，进错了门”，心里充满失落感。这些消极的情绪对新生的适应极为不利，长此以往会使其陷入一种悲观失望、压抑、消沉的心境。

新生的这种失落感很多时候是因为不能接受现实、正视现实，不能对自己进行正确定位。在新的环境却总留恋于过去，遭遇了挫折却总沉浸在失败的回忆之中，这些是毫无意义的。当接受了现实之后，你就可以平心静气地分析环境，客观地审视自己，进行自我定位，从新环境中找到自己的成长点，就会适应生活和发展自己。“过去”只能带给自己回忆，当你选择了采取行动时，将会体会到“今天”带给你的充实、欢乐和自由。

（二）迷茫感——确定目标

目标是一个人前进的方向、奋斗的动力、生活的支柱，没有目标时，人们会感到迷茫和空虚。如果希望自己能够不断发展，那么就必须为自己确立一个合乎实际的目标。当人没有目标时，会感到迷茫和空虚；当人的目标过低时，会缺乏动力；当人的目标过高时，又常因为达不到理想而失落。很多新生的适应困难就是来自个人目标确定不当。

应当根据国家、社会发展的需要和自己人生发展的需要，为自己制订一个远程目标。同时，还要制订一个近程目标，即短期内要完成的事。远程目标要靠一个个近程目标的积累来实现。如果只有远程目标没有近程目标，人生理想就会成为空中楼阁，可望而不可即，时间一久，就会迷失方向，丧失信心；反之，只有近程目标，没有远程目标，就不能保持一种永恒的动力。

目标的确立应当从自身的实际和客观的实际出发，结合自身的个性特点、能力以及客观条件，一味盲目地追随别人或潮流，不但不会获得成功，还会影响心理平衡。应该随时根据自身情况的变化及时进行调整，以免因为目标脱离实际而难以实现。

（三）孤独感——主动交往

初次离开父母和熟悉的环境，环境不适应、饮食不适应、风俗语言不适应，大学新生需要自己独立去面对新的生活，独立处理生活中的问题，因此常常会感到孤单、茫然、困惑。

良好的同学关系对大学新生的适应有重要的影响，而主动建立良好的同学关系的过程也是一个积极适应的过程。

1.要给人良好的第一印象

如刚到一个宿舍或开第一次班会时，某个同学的表情、姿态、身材、仪表、服装、口音等，总是会给大家留下最鲜明和最牢固的印象。

2.要学会与同学友好相处

遇事能从别人的角度去看问题，设身处地替对方考虑，本着关心人、理解人的态度，尽量避免与同学进行无价值、无意义的争论。大学新生血气方刚，争论的结果往往是不欢而散，不仅没有取得一致意见，反而会造成同学间的隔阂。因此，应尊重他人意见，避免直接指责，使交往陷入危机。不要过高地要求别人，要学会宽容。自己有错误时要勇于承认，这样非常有利于人际关系的改善。

3.要做到真诚相待

当别人在宿舍专心学习时，动作尽量要轻；在别人休息时，听录音可戴上耳机；当别人的亲友远道来访时，在场的人要热情接待……当你设身处地为他人考虑时，彼此合作的翅膀就已展开，即使有误会也会很快消除。

总之，大学生要敞开胸怀，积极主动交往，平时注意人与人之间经常性的沟通和交流，增强团结意识，正确认识自己，充分发挥主观能动性。做到这些，建立良好的同学关系是完全可以实现的。

（四）边缘感——融入集体

1.大学边缘化群体的类型与形成原因

边缘化是指在高校里，与主流学生相比部分学生因自身某种特点而远离中心地带，往往容易被人遗忘。大学生中的边缘化群体往往是有自卑心理的或者经济贫困的学生，他们往往采取逃避的方式，远离集体，很难融入群体之中。

因受社会风气的影响，一些学生过于物质化，有的因家庭条件优越，成为“炫富一族”；有的功利思想严重，热衷于拉关系、攒人脉，一些校园组织甚至沦为名利场；有的学生满足于“混文凭”，无所事事，沉迷游戏。

生活习惯的差异和环境适应造成的交往障碍有时也会造成学生的边缘感。有的同学从气候比较湿润的南方来到气候相对干燥的北方，可能会发生水土不服的现象，出现肠胃功能失调、皮肤过敏等情况。另外，由于各种历史的、文化的、伦理的原因，形成了各种风俗民情和方言，有的同学讲话乡土音较浓重，在沟通中遇到困难，造成边缘感。

经济状况不佳的学生，他们一般来自边远山区、农村或经济来源较少的家庭，贫富差距也影响莘莘学子，使得经济困难的大学生们怀有一种强烈的落差感。贫困生由于长期游离于学生组织之外，成为边缘化群体。

2. 克服边缘感要主动适应环境

只有积极行动，才能了解自己的潜能究竟有多大。第一，要基于正确客观的自我认知评价。认识自我在人的心理健康中起着重要的作用，也是边缘化大学生群体的思想、心理症结所在，它制约着人格的形成、发展，在人格的实现中有着强大的动力功能。因而，全面、深刻地自我认知是促进大学生心理健康和边缘化学生克服边缘感的有效途径。

第二，彼此尊重是边缘化的溶解剂。同学之间有一个相互尊重、相互适应的过程。人对环境的适应主要是对人际关系的适应，有了良好的人际关系，人才有支持力量；有了归属感和安全感，心情才能愉快。

第三，激活学生自身的精神动力。帮助贫困群体走出困境，最根本的是要激活其自身的精神动力，使外部的支持帮助与自身的努力结合起来，发挥他们的主观能动性。要建立保障机构，形成健全的保障体系，继续完善“奖、贷、助、免、补”等有效机制，帮助他们渡过难关。

以上各种不适应可能正在困扰着大学生年轻而向上的心，使他们在人生的新阶段感受到困惑和迷茫。但是不要担心，这种困惑的过程就是一个人心灵成长的过程。感受越深刻，成长就越多。如同蝴蝶破茧而出一样，只要耐心地感受自我成长，积极地推动自我成长，就会更快地冲破蛹的黑暗，变成美丽的蝴蝶，开始在大学中自由而多彩地生活。

三、大学生班级心理辅导活动设计

随着高等教育大众化时代的到来，高校学生数量急剧增加，大学生入学适应不良问题十分突出，解决大学生入学适应问题主要采取思想教育，如开设心理健康教育课、心理咨询等形式。这些形式对于帮助大学生顺利适应大学生活起到了一定的积极作用。但实践证明，针对全体新生开展的思想教育和心理健康教育课程由于教育面广、对象分散、内容缺乏针对性、教育周期长，对帮助学生迅速适应大学生活的作用有限；心理咨询由于受其工作性质的制约，可以提供帮助的主要是那些入学适应中存在较为严重心理障碍的学生；团体心理辅导虽能利用团体动力在短期内产生较好的干预效果，但一般大约在6—12人之间，规模比较小，难以满足大学新生的需求。以班级为基本单位的心理辅导模式，近年来正逐渐成为许多学校开展心理健康教育的一种主要组织形式，它适合现代学校心理健康教育的实际，能发挥团体心理健康教育的优势。我校心理健康教育中心团队一直努力在本校推动班级心理辅导，根据笔者多年的工作体验，根据有关理论，结合调查研究，设计了这组针对大学新生适应能力问题的训练，以供同行参考。

活动目标：消除新生的陌生感，孤独感、心理不安全感和无助感，尽快适应新环境；增强人际沟通和理解他人的能力，提高问题解决能力；体验真诚交流的快乐，彼此获得情感支持；感受集体的温暖，增强集体凝聚力。

活动对象：大学新生班级。

活动场所：教室和室外。

建立团队契约（和学生共同讨论确定）：真诚地对待每一位同学；积极接纳他人，尽可能地配合他人；注意力集中于此时此地，认真倾听同学的表达；保守秘密，遵守团队的契约。

效果评估：调查问卷（大学新生适应性问卷、症状自评量表scl-90、个人评价问卷、容纳他人量表、社交回避及苦恼量表；参与者文字作业；班主任（辅导员）对学生行为观察。

实施方案如下。

（一）第一单元：今日喜相逢

活动目的：通过面对面直接沟通，促进班级成员相识，尽快消除新生的陌生感、孤独感；建立互信，初步形成班级集体意识，为个人和班级的协调发展打下基础。

活动时间：入学第一天晚上。

主题活动：①刮大风、无家可归、微笑握手游戏。②滚雪球，人数为2—4—8—16。③地缘探秘，分组进行，每人用家乡话说一句话，大家猜这句话的意思和这位同学来自哪里。④说出大学生活三个最（如，进入大学后我最高兴的是什么，进入大学后我最担心的是什么，进入大学后我最期望的是什么）。

最后，学生就学制、上课时间、任课教师、课外活动、学习方式、选课途径等对指导者提问。

（二）第二单元：缘来一家人

活动目的：建立班级管理规范细则，确立班委会和成员的责任，帮助建立协调关系，让同学们对自己班集体的建设充满信心。

主题活动：①分组讨论班级管理规范、口号和班级计划。②班长写下5个承诺，同学写下对班长的5个期望和建议。

（三）第三单元：我们的家园

活动目的：让成员体会和感受个人与团体的关系、团体对个人的重要性，从而更愿意投入团体，增强团体的凝聚力，培养同学的团队凝聚力和信任感。

主题活动：①头脑风暴。班级优点，即在10分钟内分别说出本班的优点，每组指定一人负责记录。越多越好，没有对错。②班级名片制作。让同学们充分发挥想象力和动手能力，集思广益制作班级这个家的名片，名片上要有家名，家号。最后，分组展示各组制作的作品（张贴在黑板上），并说出寓意。

（四）第四单元：我家我来建

活动目的：体验和同学一起为自己的班集体建家的温暖感，同时感受集体的力量。

主题活动：我家我来建。

大家发挥想象力为我们的班集体建一个家，这个家是什么样子，该如何设计，有什么样的功能。

材料：2张报纸，透明胶；时间：30分钟；要求：稳固，美观，造型独特，新颖。最后，每组的小组长展示他们建的家，介绍他们的作品要表达的寓意。

（五）第五单元：我爱我家人

活动目的：增进认识了解，理解到我们班集体是由独特的个体组成，不要期望别人能和自己一样，学习接纳他人，促进情绪情感的表达和交流。

主题活动：①我的心情卡。每人发一张A4纸，可在纸上画出或剪出自己喜爱的卡片形状，并在卡片上标明自己的姓名、性格特点及入学两个多月来的感受。每个人把自己的卡片拿在胸前与其他同学相互自我展示及交流。交流之后，你对自己及他人有了哪些新的认识？你担心的和向往的是不是和别的同学一样。②小小动物园。每人准备好纸笔，每个成员想一想，如果用一种动物代表自己，你会选择哪种动物。思考一会儿，在卡片上写上此种动物的名称。等所有成员都写完后，同时出牌，先请每个成员看一看在这个小小动物园里都有哪些动物，哪些与自己相似，哪些与自己不同，后每人做解释。

要点：每个人都是不同的，接纳自己与别人的不同，也接纳别人与自己的不同。

（六）第六单元：温暖一家人

活动目的：了解帮助他人要有技巧和方法，加深对助人行为的认识；帮助学生反思自己在帮助别人与信任他人中的不足，进一步体验信任与被信任的欣慰与快乐。

主题活动：①头脑风暴。即在10分钟内分别说出怎样让别的班集体觉得我们班很团结、很自信、很优秀。越多越好，没有对错。每组指定一人负责记录。②信任之旅。一半成员扮演盲人，一半成员扮演向导。让向导以自己的方式带领盲人去体验周边的世界，10分钟左右，不能说话或在手心里写字。向导选择盲人时，不可让盲人知道向导是谁。回来后，摘下眼罩，二人互相分享3—5分钟。角色互换，最好换新同伴，重复上面的活动。全部做完，指导者带领大家讨论以下几个重点：作为向导心情如何？盲人对向导的信心是一开始就有的吗？是怎么产生的？是慢慢产生的吗？带领过程中发生过什么事，使人丧失信心或恢复信心？双方如何调整、修正使沟通顺利？扮演盲人及向导后，是否更了解他们，得到了什么启示？扮演过盲人再扮演向导是否容易些？为什么？

要点：要想获得别人的信任需信任别人，帮助别人重要的是别人需要什么样的帮助。

（七）第七单元：我们一起来

活动目的：协助学生面对及处理班级人际冲突，提高问题解决的能力。

主题活动：模拟法庭：班级内部矛盾解决。

活动角色有法官二人（主持人），被告，原告，双方各3名律师，主调解人1名，其他同学为陪审员，法官主要控制程序和法庭纪律，避免口舌之争和争吵。应十分注意保护当事双方学生尊严，不能以伤害学生的自尊和自信为代价来解决学生之间的纠纷，不能使“班级法庭”成为全班的“批判会”“斗争会”。主要在于调解，不在于审判结果。

法官介绍案例，请双方当事人陈述，双方律师为其辩护和争取相应的权利，辩护完毕要愿意接受调解并提出调解的条件，接下来陪审团发表个人看法和调解建议，然后主调解人根据陪审团的建议做出调解方案，最后当事人握手言和，全班同学鼓掌。

要点：任何事情不是简单的对与错，每件事情的发生都有很真实的理由，要学会换位思考。

（八）第八单元：让爱住我家

活动目的：进一步增强集体凝聚力，积极迁移到生活中并展望未来。

主题活动：接力画图：我们的班级树。

分组进行（三组），播放轻柔音乐，让所有成员闭上眼睛，引导同学们进入放松状态，然后请大家去想想：假如所处的班集体是一棵树，那自己愿意它是一棵什么树？愿意做这棵树上的什么？如何才能让这棵树茁壮成长？睁开眼睛后，所有成员在限定时间内，通过充分讨论，发挥各自的想象力，轮流接力，将图画完成。画完后小组内展示家庭树，每个成员分享自己所画的东西及寓意。最后张贴各组作品（在黑板上），邀请每组派代表对图画进行解说，根据各组合作的程度、图画的新颖、解说的水平等进行评比（如最牢固的树、果实最多的树、最粗的树等）。画图的过程中播放《让爱住我家》背景音乐。

要求：每个人都要动手，图画必须是团体合作的结果；给画取名并寓意；每个人在所画之处签上自己的名字。

班级计量：用讲台代表班级，让全班同学围着它走动，感受自己和班集体的距离，选择一个自己感到舒服的位置站好。从里圈开始，每个同学分享为什么要选择这个位置以及自己的感觉，鼓励处在外圈的同学到里圈感受氛围。全班同学感受凝聚在一起的感觉，鼓励每一位同学说出自己想说的话。最后，请每位同学逐一说一句对自己班级祝福的话，说完后大家手拉手，以讲台为中心围成一圈，喊出班级口号结束。

（九）第九单元：开心一家人

活动目的：整理团体经验所得，评估团体，安全友好地结束。

主题活动：大团圆。

大家用15分钟的时间进行交流。不过这个交流不能说，只能写。每位同学拿出纸和笔，将自己的名字写在纸的左上角，然后将它用胶纸贴在背上，大家互写赠言。句式：我喜欢你……；我欣赏你……；我祝福你……大家一起唱手语歌《让爱住我家》。

全体同学在主持人的引导之下，依次在“开心一家人”的横幅上签下自己的名字及对活动感触最深的一句话。

活动尾声：所有同学排成一个心形，并齐声呐喊：“我们是开心的一家人！”之后合影留念。

辅导中需注意的问题：第一，新生入学适应要有一个过程，不可能在一天的活动中完成，要根据学校及班内的情况，每周开展一次辅导活动，系列活动最好是在新生入学后三个月内完成。第二，由于辅导是在班级中进行的，大部分时间都在教室内完成，指导者一定要鼓励学生在班会中离开座位，尽量减少教室桌椅的局限性，不要让辅导变成课堂教学。在活动中无须过多解释心理学中的概念术语，避免用德育模式来解决学生的心理发展问题。不要总是向学生提问、设问，要注重学生情感的体验与表达。第三，教师要参与活动并注意对整个过程进行调控。教师要以组长身份参与整个活动过程，以便于观察和调控。首先是控制主题与时间，当成员的活动与主题有偏差时，能引导回来，在预定的时间内完成活动任务；其次是调控成员的情绪，成员在活动中的宣泄和表达不要成为对某人或某事的攻击。要使分享活动确实实现分享的效果，而不是几个人的闲聊；最后是避免在团体中对个人的忽略，有的成员内向，融入团体的主动性不强，注意要让所有的学生动起来。第四，关注反馈，让成员写活动心得、自我成长报告、反思参与程度及行为改变的历程。还可以在每一次活动结束后，要求成员说出自己的心理感受、体验与思考，而且回答务必具体真实，对每位同学的发言要有正面回应和鼓励。

第三节 大学生人格发展活动设计

性格是人对现实稳定的态度和习惯化的行为方式的总和，直接影响着个体的行为方式和生活习惯等诸多方面，作为更大范畴的人格对个体一生的发展起着更加重要的作用。

一、大学生人格特征

埃里克森是美国著名精神病科医师以及新精神分析派的代表人物，其关于青春期和青年期的人格发展理论强调“自我”统一和情感的作用，主张个体人格健康发展，必须完成此时期的心理社会任务：建立自我同一性和防止同一性混乱，建立亲密感，避免孤独感。

埃里克森认为，与他人发生亲密关系的前提是具有牢固的自我统一性。在将个体自我同一性与他人的同一性融为一体后，两个个体间才能产生亲密关系，从而获得亲密感，否则将产生孤独感。

在大学生中，恋爱比例达63%以上。有的学生认为，恋爱是大学的必修课，在大学中若没谈过恋爱，就不算是一个合格的大学生。这种观点在大学生中普遍存在，所以许多大学生义无反顾地投身恋爱。

那么，谈恋爱就意味着获得亲密、避免孤独感了吗？或者说谈恋爱是避免孤独感的唯一途径吗？研究者发现，大学舍友间的亲密度和适应性与其孤独感之间存在显著负相关，即可以推测：若尚未谈恋爱的同学与舍友的关系比较亲密，对大学生活适应良好，那么其同样可以避免孤独感。

二、大学生人格问题的调适

与其他群体一样，大学生群体中也会出现各种各样的人格障碍者，只不过人数大大少于心理不适者与心理困惑者。由于人格障碍者缺乏自知力，本人意识不到自己的人格缺陷，因此不会迫切求医。不过，他们因行为极其古怪或危害社会，因而常被家长、同学、老师、邻居所发现。

（一）了解自己的人格

就气质类型的特点来看，气质类型本身没有好坏之分，每一种气质都有积极的方面和消极的方面。

比如，胆汁质的人动作迅速有力，拥有勇敢、爽朗等积极品质，但也容易形成粗心、暴躁等消极品质。

黏液质的人拥有稳重、坚毅、有耐心的积极品质，但也容易形成冷淡、固执、拖沓等消极品质。

多血质的人拥有活泼、机敏、爱交际、富于同情心等积极品质，但也容易形成轻浮、精力分散、注意力集中、忽冷忽热等消极品质。

抑郁质的人拥有细心、观察力敏锐、善于察觉别人不易察觉的细小事物、做事小心、情感细腻等积极品质，但也容易表现出耐受力差、胆小怕事、不爱交际、孤僻、怯懦、多疑等消极品质。因此，大学生在了解自己的气质类型和特点的基础上，应努力使自己向积极方面发展。

（二）增强应对挫折的承受力

大学生常常富于理想，把未来看得过于美好，而对可能遇到的困难和挫折缺乏充分的心理准备。另外，由于其自身的优越感，对社会缺乏了解，人生经历单一，缺乏艰苦生活的锻炼，再加上社会、家庭等多种原因，使得不少大学生应对挫折的承受力较差，稍有小事即可引起挫折感，难以面对现实生活的挑战。由于挫折往往会导致心理上的挫败感、缺陷感和失落感等，因此，大学生要加强挫折教育、增强挫折承受力，这对健全人格的培养有着重要的意义。

（三）积极参与社会实践并培养良好习惯

人的任何目标都要通过实践才能达到，大学生的自我意识不断增强，内心都希望能够独立自主。大学生要积极参与各种社会实践活动，才能加深社会认同和理解，真正增强自己的社会责任感，才能更好地适应未来的社会角色。

另外，健全的人格体现在良好的行为方式中，心理学研究也证明，良好习惯的形成有助于改变人格的内在品质和结构。因此，健全人格塑造的另一重要途径就是培养良好的习惯。

在实际操作中，可把现实生活中具有良好个性的人作为自己的目标或榜样，从点滴小事做起，经过锲而不舍的锻炼，一定能培养健全的人格。

（四）建立良好的人际关系

众所周知，不良的个性品质对个体社交的影响很大。一个开朗热情、为人诚恳、尊重他人、富于同情心的人，在大多数情况下能很好地适应各种社会交往，能比较容易得到群体和他人的接纳。相反，具有虚伪、自私自利、不尊重他人、猜疑、报复、固执等不良性格倾向的人，会使他人在与之交往中产生不安全、紧张、不信任等不良反应。因此，和谐的人际关系既是大学生心理健康不可缺少的条件，也是大学生人格塑造的重要途径。

在交往过程中应注意以下几个方面。

第一，真诚热情。在人际交往中，热情能给人温暖，促进人与人之间的相互理解。因此，待人热情是沟通情感、促进人际交往的重要心理品质。在人际交往中，若对方感到了你的真诚与热情，也会给予你肯定的评价。在有饱满热情的同时，又需坦诚言明自身的利益，显得真诚而又合情合理。这样，自然会得到对方的接纳。

第二，彼此信任。美国哲学家和诗人拉尔夫·沃尔多·爱默生说过，“你信任他人，他人才对你重视”。在人际交往中，信任就是要相信他人的真诚，从积极的角度去理解他人的动机和言行，而不是胡乱猜疑，相互设防。信任他人必须真心实意，而不是口是心非或虚情假意。

第三，肯定对方。人只有在自尊心高度满足的情况下，才会产生最大限度上的愉悦，才会在人际交往中乐于接受对方的态度、观点。大学生都有较强的自尊心，因而在交往中首先要肯定对方，尊重对方，这是成功交往的重要因素之一。

三、大学生积极人格辅导方案设计

（一）大学生积极人格辅导方案设计的理论依据

积极人格辅导方案的设计主要依据积极心理学和团体心理辅导理论。积极心理学认为，积极人格特质主要是通过对个体的各种现实能力和潜在能力加以激发和强化，当激发和强化使某种显示能力或潜在能力成为一种习惯性的工作方式时，积极人格特质也就形成了。团体心理辅导理论是指“教师或辅导人员，面对多数被辅导者——学生，基于社会及团体动力的原理，运用适当的辅助技术，以协助个体自我了解、自我发展及自我实现的过程”。积极人格辅导是团体心理辅导中的一个重要内容，侧重自我意识、情绪情感、意志品质、人际交往和沟通方面的辅导，从而发展学生的积极品质和积极人格。

（二）大学生积极人格辅导方案设计的要素

第一，内容的选择。主题切口要小，尽量避免使用封闭性的题目，多选择一些开放性的题目，这样可以更加具有活泼性，容易引起学生的学习兴趣。

第二，目标的制定。目标须集中且清晰明确，数量不宜过多，团体心理辅导活动重视学生的情感体验，因此更加强调情感目标，同时要注意有重点地坚持一些团体辅导的共性目标。如，发展团体信任；学会自我接纳；容忍别人；减少孤独感；澄清自己的价值观；增强关怀别人的能力；学会善解人意；尝试改变自己的行为。

第三，重难点的把握。重点主要是针对内容而言，难点主要是针对学生而言，重难点之间往往关系密切，相辅相成。积极人格辅导的重点和难点多集中在非认知领域。例如，要知道什么是挫折、什么是困难并不难，但要真正形成一种坚强的品质，则是要经过长期努力才能实现。因此，在重难点的把握上切忌只重视对一些名词概念的罗列和阐述，而忽视了良好人格品质的鼓励和培养。

第四，活动准备。准备要充分，活动设计过程中要把可能运用到的素材罗列清楚，以便其他教师拿到这份活动方案也知道要准备哪些材料，便于活动方案的操作。

第五，活动过程。各个活动环节过渡衔接要自然、流畅，活动环节都要有设计的意图，为目标服务，把握重点，从而更好地突破难点。

第六，方法的选择。要讲求实效，要根据教学目标的要求和内容的需要选择不同的教学方法。

第七，时间安排。各个活动环节时间要配给合理，导入部分时间不宜过长，在过程部分，教师要保证充分的时间让学生讨论和体验，在有助于突破重难点的关键环节，时间要稍长一些。

（三）大学生积极人格辅导方案设计主题活动：将心比心

学生对象：12位学生。

活动目标：体验善待他人对人对己所带来的积极情感体验；知道人际交往中要将心比心，掌握换位思考的方法。

活动重点：体验善待他人对人对己所带来的积极情感体验。

活动难点：掌握换位思考的方法，避免好心办坏事，真正做到与人为善。

学生通过体验善待他人带来的快乐，并通过探讨如何换位思考的方法，从而解决在现实情境中遇到的需要灵活处理的问题，比如说“好心办坏事”“好心没有好报”等特殊情境问题。这对于缺乏应变能力的学生而言是有一定难度的，所以教师将其定为本活动的难点。

活动准备与方法：课件，游戏，案例。

设计意图：在团体心理辅导活动课教学中，经常采用与主题密切相关的游戏活动，在玩和动的过程中得到体验，而且考虑到这一团体的特殊性（来自不同班级），在构建的过程中更加需要通过游戏这样的载体。案例的引入则是为了呈现一种身边遇到的现象，引发学生思考和感悟，从而达到教学目标。

活动时间安排：两个课时，每个课时35分钟。

导入部分：情景导入，揭示主题（播放广告片《When you smile》，5分钟）。

说明：你的笑容对世界绽放，世界将回以满眼的灿烂。你是否希望得到别人的善待？

分享：今天，你善待过他人吗？感受怎样？今天，你得到过别人的善待吗？感受如何？

设计意图：广告片的播放在团体心理辅导活动课教学方法中叫作“影像法”，它的一个显著特点就是能够吸引学生的注意力。学生的注意力容易分散，从课间状态到上课状态的准备时间往往比较长，一个既能吸引学生注意力又能符合主题的影像资料在导入部分是非常适合的，它能一下子唤起学生的积极情感。

新授部分：活动精简，形式多样（65分钟）。

整个新授部分共有四个不同的环节，主要包括：小游戏、讲故事、提问题、情景表演，在各个环节中，学生能运用多重感官参与活动，获得发展。

设计意图：对于一堂团体心理辅导活动课来说，活动环节不宜过多，因为环节多了，分享体验的时间就少了。对于学生来说，利用多重感官设计的活动会更加受到他们的欢迎和喜爱。

第一环节：小小游戏——初次换位体验（30分钟）。

分成三个小组，每组4人，两个当盲人，两个当跛子。每组的一个盲人背一个跛子，跛子指挥盲人前进，从操场规定的一侧，走到线前方5米处绕红旗回来，然后再换组内的另外一队。最快轮完的一组获胜，每队成员互换角色，进行第二轮游戏。

分享体会：当你与队友互换角色后，在游戏过程中，你有什么体验？

设计意图：通过身体的接触可以拉近人与人之间的心理距离，有利于增进学生间的融洽；通过交换角色进行表演，尝试站在别人的角度思考问题。

第二环节：小小故事——思维碰撞（5分钟）。

故事梗概：《给仙人掌喝牛奶》——一个小女孩为了使心爱的仙人掌快快长大，每天把自己的牛奶剩下一半给仙人掌喝，可是，过了半个多月，仙人掌却变黄、发烂了……

设计意图：以呈现故事的方法激发学生的思维，显现“好心”怎么会没有“好报”这样一个现实问题，初步揭示其中的原因。

第三环节：联系生活——回忆体验（15分钟）。

分享：你是否也有过“好心没好报”的经历？你有过对别人好心，对方却不领情、不给好报的经历吗？当时你有何感受？或者，别人是否对你有过“好心办坏事”、指责你“不领情”的经历？当时你有何感受？

讨论：为什么会“好心没好报”？如何才能避免这类事情？

设计意图：在第二环节的基础上，由远及近，联系自己，探讨在自己身上发生的“好心没好报”（“好心办坏事”）的缘由及改善方式，抓住如何站在对方的角度思考问题这一重点，从而避免“好心办坏事”，真正做到与人为善。

第四环节：小小情景剧——方法训练营（10分钟）。

呈现若干情景，小组讨论，如何解决这些小摩擦?

设计意图：了解了换位思考的方法之后，关键在于在不同场合运用这些方法。通过呈现若干生活中发生的小摩擦，让学生体验善待、宽容他人的重要性，并能够将心比心，换位思考，从而解决问题。

第五环节：小结部分——视觉两可图，发散拓展（5分钟）。

本课的小结是通过呈现若干张视觉两可图（同一张图片，由于注意的选择性，知觉的对象与背景相互转化，因此知觉的结果会是不一样的），帮助学生从不同角度看待身边的人和事，拓宽他们的思路。

设计意图：活动结束时，通过一些饶有兴趣的视觉两可图，让学生的眼睛一亮，在寻找不同角度的过程中，巩固了换位思考的方法。

第四节　大学生领导能力活动设计

一、大学生领导力训练的意义

当今和未来的世界竞争，从根本上说是人才的竞争。大学生是未来社会的精英，是开发领导人才的一支重要的人力资源力量。尤其在知识经济社会里，无数的领导者将出自大学，在校期间对大学生进行领导力的培训可以提高大学生的综合素质，能够使他们有目的地进行自我培养与提高，促进他们在之后的工作或学习中成为更加优秀的领袖人才。高校作为培养和造就高素质人才的专门机构，更是担负着为青年学子提高职场竞争力和修炼领导力搭建平台的义不容辞的社会责任。

世界知名学府都对学生领导力的培养较为重视。1986年，美国高校协会曾报道美国大约有600所高校开展领导力教育，至20世纪90年代末，已经有800多个学生领导力的培养计划。根据笔者检索到的资料，国内也已经有不少学校开始重视对大学生的领导力培养，如2005年11月，北京大学提出以“培养领导型人才”作为改革的重点目标。在此之前，清华大学举办了“全球领导力课程”。但就成效和影响面而言，我国高校还未形成系统的、专门的培养途径与对策。加强对学生领导力的培训与研究，积极有效地提高学生的领导力是目前面临的重要任务。

二、大学生领导力训练的理论基础

领导与领导力是一对联系密切的概念，有的学者甚至认为领导力就是指领导。要想更好地理解领导力的概念，首先要明白什么是领导，以及几种很重要的领导理论。

对于领导的界定，以下几种观点具有较大的影响力。G.B.泰瑞认为，领导是影响人们自动为实现团体目标而努力的一种行为；拉尔夫・斯托迪尔认为，领导是对组织内群体或个人施加影响的活动过程。

有关领导的理论很多，随着管理理论的发展，领导理论大致有四种理论学派：早期的特质理论和行为理论、近期的权变理论以及当前的领导风格理论。

按照时间的顺序来说，在20世纪40年代末，也就是领导理论出现的初期，领导理论研究都着重在找出杰出领导者所具有的某些共同的特性或品质上，称为特性论。例如，美国管理学家埃德温・吉赛利提出了八种个性特征和五种激励特征。

20世纪40年代末20世纪至60年代末，主要进行的是领导行为理论的研究，其核心观点是领导效能与领导行为、领导风格有关；20世纪60年代末至20世纪80年代初，出现领导的权变理论，其核心观点是有效的领导受不同情境的影响。

20世纪80年代初至今，理论界从另一个角度对领导进行了大量的探讨，称为魅力型和工具型领导理论。美国学者戴维·纳德勒和迈克尔·塔什曼在讨论企业变革时，根据领导在变革中的角色对魅力型领导和工具型领导进行了描述。魅力型领导有三个特点：提供愿景、鼓舞和注重行动。工具型领导有下列三个特征：第一个特征是结构化，领导投入时间建立团队，这种团队要与企业的战略相协同，同时创建一种结构，在这种结构中能清晰地表达出组织需要什么类型的行为；第二个特征是控制，这涉及创造测量、监督、行为和结果的评估以及管理行为的系统和程序；第三个特征是一致的回报，包括对员工行为与变革所要求的行为一致性问题所做的奖励和惩罚。

我国对领导力的研究侧重于企事业领导干部领导力的提升与训练，针对大学生领导力的专门性研究较为少见，此处主要介绍中国科学院科技领导力研究课题组的一系列研究成果。该课题组对领导力的界定是："领导者在特定的情境中吸引和影响被领导者与利益相关者，并持续实现群体或组织目标的能力。"其在此基础上提出了领导力五力模型。领导力五力模型认为领导者必须具备如下领导能力：对应于群体或组织的目标和战略制定能力（前瞻力）；对应于或来源于被领导者的能力，包括吸引被领导者的能力（感召力）及影响被领导者和情境的能力（影响力）；对应于群体或组织目标实现过程的能力，主要包括正确而果断决策的能力（决断力）和控制目标实现过程的能力（控制力）。

三、大学生领导力训练方案的设计依据

领导力五力模型中所阐述的五种领导者需要具备的能力对于培养在校大学生的领导力具有积极的指导作用。从理论的角度来看，既可以针对每一种能力进行专门的训练，也可以把这五种能力融会贯通地渗透到一个整体的培训中。因为五力模型中的任何一种能力都不是单独存在的，它们之间彼此有着密切的联系，因此，人们更加倾向于在活动中渗透五种能力的要素，进行综合的考虑，从而达到完整的培训效果。

有关领导力的培训，从广义上涵盖了个人品质的所有方面。领导力的培训需要全面系统的内容，需要长时间的训练和指导，绝不是几门课程就能够完全胜任的。人们结合领导力的理论和实际操作，把领导力的培训分为三个阶段。

第一，心力提升阶段。领导者品质的培养、表现及发挥，都基于一种内在的、关于自我管理的心理素质或品质。一个优秀的领导者需要有良好的自我觉察能力，需要拓展自己的领导角色，需要管理自己的情绪，需要在自我意识方面认识自己的责任感，需要信任他人，需要拥有大爱意识，需要关爱他人，需要提高自我规划与成长的能力，这些品质是领导者成功的内在源泉。

第二，外部能力提升阶段。外部能力的训练从根本上讲是要促使受训者的内在观念发生改变，从而将认识转化为行为，行为的改变带来能力的提升。从外部能力来看，一个优秀的领导者需要学习如何激励他人和自己的团队，如何与上下级沟通，如何做决策，如何将计划付诸行动，如何管理自己的时间并应对压力。

第三，实战演练阶段。实践是检验真理的唯一标准，领导力培训还必须包含在当下面对实际情境时的表现及成长。在最后一个阶段设计了学生必须亲自实践的活动，一方面检验培训的效果，另一方面也是让学生在实践中总结经验教训，促进自己领导力的进一步提高。

四、大学生领导力训练方案

团体名称：领袖训练营。

团体目标：了解自己的价值观、领导风格；弄清自我对领导力的理解；提升自己的情绪情感处理能力；学习信任他人，明确责任的范围，更好地处理组织内的人际关系；学会处理压力和掌握更好的时间规划策略；提高自我规划与成长的能力。

适用群体人数：30人左右。

活动时间：三个学期，每个学期约32个学时。

注意事项：三次活动间的衔接性。

活动评估：团体活动效果评估问卷；团体活动满意度问卷；根据成员反馈材料撰写总结。

（一）第一阶段：心力提升训练方案

第一单元：神龙聚首。

活动1：做早操之手指操。

目的：暖身、活跃气氛。

操作：首先教给大家歌谣，再教大家一起做操，可以多做几遍，直到每个人都会。然后请两人一组，面对面地一边念出歌谣，一边做操。每字配有一个手势，如下：做早操，嗨！做早操，嗨！我们一起做早操，嗨！

双手握拳，伸出食指，放于胸前。做（食指弯曲）早（食指伸直）操（食指弯曲），嗨（食指伸直）！做（食指弯曲）早（食指伸直）操（食指弯曲），嗨（食指伸直）！我（两食指向左伸）们（两食指向右伸）一（食指弯曲）起（食指伸直）做（食指弯曲）早（食指伸直）操（食指弯曲），嗨（食指伸直）！

活动2：名片制作。

目的：帮助成员彼此熟悉。

准备：卡片、彩笔。

操作：发给每人一张剪裁好的同样大小的卡片，请成员为自己设计名片。要求新颖独特，展现自己的信息。制作完毕后请成员彼此自由交流，相互认识。请每个人在大组中根据名片介绍自己。

活动3：团体目标与规则制定。

操作：团体领导者介绍本团体训练的目标，寻求成员认可，征求成员意见，看是否有补充。之后介绍团体的规则，强调规则的重要性。基本规则有准时、不得缺席（实在不能保证出勤率可以考虑退出）、保密、不批评、真诚等，并请大家商议其他的可以添加的规则。询问每个人是否同意，将规则写在大的海报纸上，成员签字。

活动4：不可貌相。

目的：增进成员间的了解。

准备：纸、笔。

操作：俗话说得好，人不可貌相。这个活动请各成员根据自己的感觉来猜测团体中其他成员的特点，看谁猜对得多。发给成员每人一支笔和一张纸，各自找一处站立，观察其他成员，并填写答案纸。向在答案纸上所写的人逐一介绍自己的姓名，同时解释自己答案的理由。

答案纸内容如下。

谁最喜欢运动？姓名_____

谁最喜欢小动物？姓名_____

谁最具野心？姓名_____

谁最喜欢古典音乐？姓名_____

谁最喜欢刺激活动？姓名_____

第二单元：舍我其谁。

活动1：排排队。

操作：通过报数1、2的方式把成员分成两组。接下来按照不同的主题进行排队。两组进行比赛，看哪一组先排好，在排列的过程中不能讲话。首先，请成员按照身高从高到矮的顺序排列；其次，请成员按照生日大小来排列，再根据鞋号的大小进行排列。每一次排列完成后团体领导者要检验成功率，同时询问成员是怎样做到的，使成员通过不同的信息增进了解。

活动2：趣味分组。

操作：请成员按照男女排列成两队，面对面地站立。每相对的两人为一组（人数不等可以协调成人数相等的两队）。30人的团体应该是15

组，按照1、2、3、4报数的顺序分成4个小组。

活动3：我的自画像。

目的：强化成员自我认识，促进自我觉察。

准备：30张图画纸、4盒彩色水笔或油画棒。

操作：团体领导者给成员发一张图画纸，然后请成员画出自己。可以用任何形式来画，抽象的、形象的、写实的，画动物、画植物都可以。总之，把自己心中最能代表自己的画出来。画完后挂在墙上，开“画展”，让团体成员自由观看他人的画，不作评论。欣赏完毕，请每一位“画家”对他的画进行解释并答疑。

第三单元：王者风范。

活动1：热身，做早操之胳膊操。

目的：暖身、活跃气氛。

操作：首先教给大家歌谣，再教大家一起做操，可以多做几遍，直到每个人都会。然后请两人一组，面对面地做。边念出歌谣，每字配有一个动作，用胳膊来做，如下：做早操，嗨！做早操，嗨！我们一起做早操，嗨！

活动2：领导力面面观。

目的：帮助成员理解领导力。

操作：请成员以小组为单位分享自己搜集到的有关领导的格言，然后请成员谈一下对格言的理解和看法。

带领大家分享有关领导的定义。

泰瑞认为：领导是影响人们自动为实现团体目标而努力的一种行为。

斯托迪尔认为：领导是对组织内群体或个人施加影响的活动过程。

拉尔夫·戴维斯提出：领导是一种说服他人热心于一定目标的能力。

哈罗德·孔茨认为：领导是影响人们心甘情愿、满怀热情地为实现群体的目标而努力的艺术或过程。

请成员根据自己的理解为领导下定义。

活动3：我的领导角色。

目的：帮助成员了解自己可能会扮演的领导角色。

操作：根据下面的标注，引导成员选择自己的领导角色。

想象一下，你将要对接替你工作的人描述自己应该扮演的角色。你的领导角色是怎样的？你需要行使怎样的职能？

领导角色表：计划工作、让团队知情、对团队下达工作指令、与其他团队共事、工作授权、激励员工工作、向团队传达管理者信息使团队充满热情、建设团队、设定目标并赋予责任感统揽团队的工作、通过变革来帮助团队工作、设想团队的远景目标、审查工作并吸取经验、做出重大决策、在工作上给个人支持以保持良好势头、向上级管理层介绍团队情况、培养团队成员及其他。

可以把这些不同的角色分为三个主要的方面：完成工作；建设团队；培养他人。

讨论：你是否还有更多的有关领导角色的想法？你在哪个领导角色上花费的时间最多？哪个领导角色让你感觉最得心应手，为什么？哪个领导角色让你感觉最不得心应手，为什么？

第四单元：快乐世界。

活动1：我猜我猜我猜猜猜。

目的：热身，帮助成员认识情绪的重要性。

操作：将成员分为两人一组，面对面地坐下。请两人中的一人写下最近发生的一件事，由另外一个成员辨识他的情绪是愤怒、伤心、快乐、紧张、烦躁中的哪一种。之后，写下事情的成员再叙述现在的感受，如“我很开心”，而由另一成员来确认想法背后的原因，如“你开心是因为快要下课了吗”。每个成员必须获得对方三个“Yes”的回答才算过关，然后交换角色。由成员表达参与活动的感受。

活动2：我的情绪我了解。

目的：帮助成员了解自己的情绪。

操作：请成员做一份情绪测验，了解自己的情绪状况，结束后讨论这份测验能否真实地反映自己的情绪状况。

情绪稳定性小测验：对下列题目做出“是”或“否”的回答：

①尽管发生了不快，仍能毫不在乎地思考别的事情。

②不计小嫌隙，经常保持坦率诚恳的态度。

③习惯于把担心的事记在纸上并进行整理。

④在做事情时，往往具体规定有可能实现的目标。

⑤失败时仔细思考，反省其原因，但不会愁眉不展，整天闷闷不乐。

⑥具有悠闲自娱的爱好。

⑦常常倾听众人的意见。

⑧做事有计划并积极地进行，遇挫折也不气馁。

⑨无路可走时，能够改变生活方式和节奏，以适应生活。

⑩在学业上，尽管别人比自己强，但仍保持“我走我的路”的信条。

⑪对自己的进步，哪怕只是一点点，都会高兴地表示出来。

⑫乐于一点一滴地积累有益的东西。

⑬很少感情用事。

⑭尽管很想做某一件事，但是自己估量不可能时也会打消念头。

⑮往往理智、周密地思考和判断，不拘泥于细枝末节。

测验记分：每题选择“是”记1分；“否”不记分。然后将各题得分相加，算出总分。

0—6分：你的情绪不是很稳定，经常患得患失，不能很好地生活。常常拘泥于一些小事情，无论做什么事情都过分认真，总是忙忙碌碌，耗费心机，难于做出重大的决策，一丝不苟反而使自己感觉迟钝；7—9分：情绪一般稳定；10—15分：情绪很稳定，大多擅长于处理事物的方法、判断及思考等，不拘泥于细微小节，能积极大胆地处理一些事情，在各种困难面前毫不退缩。

活动3：听我细诉。

目的：协助成员倾诉不良情绪。

准备：白纸、笔。

操作：组员围成半圆形，每人一张白纸。写出目前所遭遇的三件不如意的事情，并写出心中的倾诉对象。请一位倾诉者站在小组中央，请他描述他的倾诉对象。找出一位符合条件（或是条件最接近）的倾诉对象，倾诉者向他诉说心声。旁观者可自动轮流在倾诉对象的背后说他所不敢吐露的感受。每人轮流寻找倾诉对象。

讨论：分享感受。这种方式是否能达到发泄情绪的目的？

活动4：情绪调节策略集中营。

目的：让成员学习情绪调节方法。

准备：4张海报纸、每人一张A4纸和笔。

操作：每组一张大海报纸，在规定时间内（如15分钟内）尽可能多地写下可以调节情绪的方法。写好后，在大组进行分享。接下来，发给每位成员一张A4纸，请成员写下自己经常用到的情绪调节方法，在纸的空白处写下今天分享到的自己愿意在今后尝试的情绪调节方法，并进行小组内的分享。

第五单元：大爱无疆。

活动1：找伙伴。

目的：利用生肖将大家分成不同的组，加强人与人之间的沟通，提高成员利用其肢体语言的能力。

时间：25分钟。

操作：领导者要求所有成员逐个报出自己的生肖，但只许用动作表示或模仿动物的叫声，不能使用任何语言，同时要求所有生肖相同的人站在一起。让每个成员说出自己的生肖，看看有谁报错。组与组之间按照成语合并，如鸡飞狗跳、龙马精神、龙腾虎跃等，与其他组合并最多的组获得最高分。

活动2：性情中人。

目的：帮助成员了解自己的情绪与情感。

操作：价值观通常会影响人们对他人的喜好程度，请成员回顾自己是否由于价值观的不同而对他人有过误解，并导致自己的情绪受到影响。

你喜欢的人所具有的品质有哪些？你讨厌的人所具有的品质有哪些？写完后请成员进行小组分享。

讨论：你会怎样对待你喜欢的人？你会怎样对待你讨厌的人？怎样才能更好地与自己讨厌的人相处？

活动3：爱的冥想。

准备：背景音乐可选《有多少爱可以重来》《感恩的心》等，根据不同的内容在适当时间播放。

操作：首先请所有成员围成一个圆圈，以自己最为舒服的姿势坐好，把房间里的灯光调暗，做几次深呼吸。播放音乐，团体领导者伴随音乐做如下的引领。

今天在这里，我们要感谢每一位成员为我们带来的人生感悟。生活中，我们太繁忙了，以至于将生命中如此重要的关系忽略了，我们追求着时髦、享受，而往往将心灵中一直渴望而就在身边的爱、支持、责任、感恩、快乐都拿去做了交易，可是当我们真的停下来、静下来时，却发现这些其实是自己一直以来都在苦苦寻找的生命的意义、人生的真谛。这些东西会随着时间的流逝而被风雨侵蚀得沉甸甸的。感谢上苍，给了我们一双慧眼，让我们在这里能够借助周围的朋友，撩开已经蒙上了心灵的面纱，找回自己。在这里，就让我们用自己的肢体语言来表达对团队成员的爱和感恩吧！

请所有成员手牵手织成一张温暖、舒适的网，像摇篮一样，轻轻地晃动起来。接下来两人一组，就像小时候父母总是愿意将我们揽在怀里一样，今天，我们愿意对在这里认识的朋友表达自己的爱，将你的搭档轻轻地揽在怀里，用关爱的目光看着他，轻轻地摇摆。接着交换角色再进行一次。最后，让成员一起围成一个圆圈，进行讨论。

讨论：当你付出自己的爱时，你的感受是什么？当你接受爱时，你的感受是什么？你愿意付出更多你的关心、你的爱和你的谅解吗？做完这项活动后，你是否愿意尝试对你周围的朋友表达你的爱？

第六单元：不言而信。

活动1：做早操之全身操。

目的：暖身、活跃气氛。

操作：首先教给大家歌谣，再教大家一起做操，可以多做几遍，直到每个人都会。然后请两人一组，面对面地做。一边念出歌谣一边做，每个字都配有一个动作，用全身来做，如下：做早操，嗨！做早操，嗨！我们一起做早操，嗨！

活动2：信任搭肩。

目的：引导成员认识信任，感受信任。

操作：请全体成员站成一个圆圈，尽量能够看到每个人的脸。带领成员做几次深呼吸。请成员放下自己的理智分析和思考，感受自己的内心状态，释放自己的体验。请成员与团队中的每个人做目光接触，跟随自己的感受，在团队中选择一个信任的人，将手搭其肩上，每位成员都做选择。如果团体领导者被选到，那么团队领导者也要做出选择。请选择的人对被选择的人以第一和第二人称的口吻谈谈为什么会选择他，他给自己的感觉是什么，引导成员以真诚的态度表达。团体领导者可以先做一个示范。如，“我选择你是因为我从你的眼睛里看到了真诚、友善；我觉得你特别像认识很久的朋友；我愿意去信任你，我也相信你会信任我”。

讨论：信任是种什么感受？信任带来了什么？信任存在的标志是什么？你怎样做能够信任他人并被他人信任？你在多大程度上信任他人？你信任什么样的人？你的信任程度是否会影响他人对你的态度和反应？

在你的团队中如何做到信任（对上级和下属的信任）？

第七单元：瞭勇挑重担。

活动1：知错就改。

目的：使成员懂得面对错误需及时改正。

操作：成员相隔一臂站成几排（视人数而定），喊1时，向右转；喊2时，向左转；喊3时，向后转；喊4时，向前跨一步；喊5时，不动。

当有人做错时，做错的人要走出队列，站到大家面前先鞠一躬，举起右手高声说："对不起，我错了。"这样做几个回合。

讨论：这个游戏对你有什么启发？你愿意为自己的错误承担责任吗？你的感受是什么？

活动2：报数。

目的：帮助成员通过竞争提高效率；使成员深入认识责任，了解自己的责任状况。

操作：要求所有参加的人在两分钟内分成人数平均的两组。挑选男女队长各一名，组织团队进行比赛（队长不必参赛）。领导者要求队长宣誓，问三个问题：有没有信心战胜对手？如果失败，敢不敢面对队员的指责？如果失败，愿不愿意承担由此所带来的一切责任？

领导者宣布比赛规则：全队成员进行报数，速度越快越好。分别进行8轮比赛，每轮比赛间隔休息3分钟（2次）、2分钟（2次）、1分半（2次）、1分钟（1次）。每轮比赛进行奖惩：输者，由队长率领队员向对方表示心悦诚服，并对对方队员说："愿赌服输，恭喜你们。"输了的所有成员做俯卧撑10个，如果以后再输，做俯卧撑的个数将会成倍递增。

讨论：什么是责任？你愿意为自己的团体承担多少责任？

第八单元：西出阳关。

活动1：花样早操。

目的：热身。

操作：请成员编制自己的体操，带领大家做。

活动2：制作个人发展盾形图。

目的：引导成员整合培训成果。

准备：每人一张A3纸、笔若干。

操作：以画图的形式在盾形图中做相应的回答。

第一部分：描绘出你作为一名领导者的最大优势。

第二部分：描述你打算从哪些方面着手提高你的领导水平。

第三部分：描述是什么动力推动你迈向成功的。

第四部分：你打算向哪一位著名的领导人学习？

第五部分：画一幅能够说明你的重要价值的图。

第六部分：画一幅能够说明你如何对压力做出反应的图。

第七部分：描绘出你个人的10年发展前景。

制作完毕后请成员进行分享，并把图画贴在墙上，彼此学习。

活动3：同唱一首歌。

目的：体会团队成员亲如一家的美好。

操作：共同经历了8次的培训，今天要面临分别，请大家共同唱一首歌。可以由成员提出建议。提前准备好几首歌的背景音乐，如《朋友》《同一首歌》等。

（二）第二阶段：外部能力提升训练方案

第一单元：王者归来。

活动1：做早操之全身操。

目的：暖身、活跃气氛。

操作：询问是否还记得上次培训时的早操，请还记得的成员带领大家一起做。做全套的早操版本，可以多做几遍，直到每个成员都学会并记住。然后请两人一组，面对面地做，在念出歌谣的同时，每字配有一个动作，如下：做早操，嗨！做早操，嗨！我们一起做早操，嗨！

活动2：猜猜我是谁。

目的：使初步认识的成员进一步彼此认识。

准备：不透明的幕布一条。

操作：参加的人员分两边站立，依次说出自己的姓名或希望别人如何称呼自己。团体领导者请一位成员协助，手拿幕布隔开两边成员，分组蹲下。训练员喊1、2、3，然后放下幕布，两位成员以先说出对面成员姓名或绰号者为胜，胜者可将对面成员俘虏至本组。

注意事项：选择的幕布必须不透明，以免预先看出伙伴而失去公平性及趣味性。成员蹲在幕布前，避免踩在幕布上或操作幕布时跌倒。领导者应制止站立或至侧边偷窥的情况发生。组员不可离团体领导者太近，以免操作幕布时产生撞击。组员叫出名字的时间差有时很短，领导者须注意公平性。

活动3：领导回归。

目的：帮助成员整理个人收获，了解成员对此次培训的预期，传达此次培训的主要内容。

操作：向成员询问心力提升训练结束后的经验、感受及日常生活学习情况。说明这一阶段培训的目的和方式，了解成员的建议或意见，鼓励成员在这次的培训中放开自己。

第二单元：斗志昂扬。

活动1：手牵手。

目的：调动大家的激情。

操作：把所有成员分成两组，排成两排。两组成员面对面坐下，手牵着手。团体领导者叫出植物或动物的名称（组员把手放开），叫植物时，全部成员要将双手上举，叫动物时则放下，如果连叫两次植物或动物就保持上举或放下的动作。例如，芹菜（上举）、兔子（放下）、狐狸（放下）、菊花（上举）等。动作错误的成员就要被淘汰，经过几次后最终胜出的成员可以获得事先准备好的小礼物。由此引出有关激励的主题。

活动2：幸福清单（个人版）。

目的：幸福清单的激励力量。

准备：笔、纸和黑板或者活动黑板。

操作：我们常在一些无法感到满意的事情中虚度了数天、数星期，甚至数月。克服这种倾向的最好方法是制订并标明一个幸福清单——使你感到棒极了的活动清单。

让参加者花几分钟列出他们喜欢的尽可能多的活动。之后，让成员列出一个保证书，将这个幸福清单张贴在三个具体的地方。

讨论：幸福清单需要不时地更新，为什么？你怎样做才更有可能使你的幸福清单跟上形势？为什么说幸福清单要张贴，而不仅仅是写下来？你应该怎样利用你的电脑来张贴你的幸福清单？你了解他人的幸福清单吗？你觉得怎样可以激励他人？

活动3：幸福清单（团队版）。

目的：激发团队的最佳表现，帮助团队设立和达到目标，找出可以激发团队精神、提高绩效的团队激励因素。

准备：纸、笔、活动挂图或者黑板。

操作：首先展开一个关于个人激励和团队激励区别的讨论。当团队通过其成员的共同努力达到目标时，给每个成员授予团队激励物。授予优胜队锦旗或者奖杯就是激励物的一个例子。有时管理者为团队的绩效选奖品时没有考虑奖品本身的吸引力，当由团队来选择他们的奖品时，激励效果和绩效都会提高。

以之前划分好的四个小组为单位，让这些小组花数分钟列举尽可能多的奖品——团队愿意为之努力的奖品，制造一份团队幸福清单。最后，让成员设计可以运用、张贴和更新团队幸福清单的方法。

讨论：随着时间的推移，幸福清单需要及时更新，为什么？团队激励物与个人激励物有什么不同？为什么团队幸福清单需要分发和张贴？怎样才能更好地激励团队？

第三单元：上传下达。

活动1：撕纸。

目的：帮助成员认识什么是沟通，什么样的沟通有效。

准备：相当于总人数两倍的A4纸（废纸也可）。

操作：给每位成员发一张纸。团体领导者发出单项指令：大家闭上眼睛，全过程不许问问题，把纸对折，再对折，再对折，把右上角撕下来，转180°，把左上角也撕下来，睁开眼睛，把纸打开。此时，大家会看到各种不同的图形。这时领导者可以请一位成员上来，重复上述的指令，唯一不同的是这次成员可以问问题。

讨论：什么是沟通？在这个游戏中，你们的沟通效果如何？你平时常用的沟通方式是什么？

活动2：部属角色与领导角色。

目的：模拟部属与领导之间的沟通能力。

准备：带有图案的图片纸若干张。

操作：每5人为一组，一人扮演上级主管的角色，一人扮演直接主管的角色，三人扮演部属角色。任务分别写在以下的角色单中，并用信封将角色单装好分给每个角色。上级主管与部属分开，由直接主管负责联系。每组需要共同完成任务，完成任务后举手示意。

部属角色单（一）：你只可以与直接主管及其他两位成员互相写便条书面沟通，不可以越级报告。你和其他人一样，手中有5种图片。你的直接主管及上级主管将领导你们完成任务。手中的图片不可露白，也不可传递。

部属角色单（二）：你只可以与直接主管及其他两位成员互相写便条书面沟通，不可以越级报告。你和其他人一样，手中有5种图片。你的直接主管及上级主管将领导你们完成任务。手中的图片不可露白，也不可传递。

部属角色单（三）：你只可以与直接主管及其他两位成员互相写便条书面沟通，不可以越级报告。你和其他人一样，手中有5种图片。你的直接主管及上级主管将领导你们完成任务。手中的图片不可露白，也不可传递。

直接主管角色单：你可以与上级主管及部属在纸上沟通。你和其他人一样，手中有5种图片。你的主管将领导你们完成任务。手中的图片不可露白，也不可传递。

上级主管角色单：你只能与直接主管沟通，不能越级指挥。你和其他人一样，手中有5种图片。你的任务就是“找出每个成员相同的一种图形，并使每个成员均了解完成任务的答案”。完成任务后请举手。有任何问题，可举手请教讲师。手中的图片不可露白，也不可传递。

讨论：如何与上下级沟通？在与上下级沟通中有怎样的特点？如果你的沟通出现问题，你准备怎么办？如何促进组织中的沟通？

第四单元：一锤定音。

活动1：扫把情人。

目的：锻炼成员的集中注意力和灵活应变能力。

操作：几个成员排成圆圈定号码，一个成员站在圆圈中间，让扫把立在中间。中间的成员说出一个号码，同时把手中倒立的扫把放开。被叫到号码的成员在扫把倒地前立刻跑去抓住扫把。没抓住的成员接受惩罚。

团体中游戏失败，可以选择以下几种方式之一接受惩罚：面对大树或墙壁，大声地喊三声“我爱你”；就地闭眼睛，左转三圈，右转三圈，再睁开眼睛，走回自己的座位；模仿一位自己熟悉的影星、歌星的动作或说话方式；赢的成员将3—5本书放至输的成员的头顶，并请他（她）学模特走台步，旋转一圈后走回来。如果书掉了，就得重来。

活动2：月球求生记。

目的：训练成员的决策能力。

操作：向成员布置任务。这个活动请成员以小组为单位进行，假设你现在是一名宇宙飞船的队员，任务是与母船相约在月球上光亮一面的某地集合，但因机件故障，你的宇宙飞船在距离约定地方200里之处坠落了，除了15件器材外，其余的器材都在坠落时坏掉了。你们能否生存下去取决于你们能否到达母船，因此，你和同伴要决定15件器材中，哪件对你们的生存最为重要。你需要将它们按“协助生存的重要性”来排序，在你觉得最重要的器材旁写“1”字，其次的写“2”字，以此类推，直至15个次序都排好为止。公布月球求生记专家答案。

月球求生记曾被送交美国太空总署位于得克萨斯州的休斯敦载人宇航器中心，并由宇航员设备部的专家定出答案。

讨论：决策的要素有哪些？尽可能多地列举。你的决策和小组的相同吗？为什么？如何处理决策中的矛盾冲突？怎样带领小组做决策？什么样的行为有利于决策？你愿意为决策冒险吗？

第五单元：说干就干。

活动1：团队节奏。

目的：锻炼团队成员的配合与信任。

操作：以分好的4个小组为单位进行，每个组用不同的方式发出声音。如a组鼓掌、b组跺脚、c组发出“哈哈”的声音等。事先准备些牌子，上面写各组组名。正式表演开始后，你举起哪个组的牌子，哪个组就发出相应的声音。团队的交响乐便神奇地展开了。

讨论：同时引入今天的主题：你们制定了自己的节奏，执行得如何？什么是执行力？你的执行力强吗？

注意：每组规定各自的节奏；正式开始前一定要分组反复演练，否则全场噪声一片；同时可举好几块牌子，有变化可找人来帮忙举；事先强调要聆听，不要只顾自己，这很重要。

活动2：齐眉棍。

目的：培养团队成员间的默契度。

准备：一根2—3米的轻质塑料棍（最好可伸缩）。

操作：所有成员站成相对的两列，全部将双手举到自己眉毛的位置，每位成员水平伸出食指，将轻质塑料棍放在每位成员的手指上。注意：必须保证每位成员的手指都接触到轻质塑料棍，并且手都在轻质塑料棍下面。要求小组成员将轻质塑料棍保持水平，小组成员的任务是在保证每位成员的手都在轻质塑料棍下面的情况下，将轻质塑料棍完全水平地往下移动。一旦有成员的手离开轻质塑料棍或轻质塑料棍没有水平地往下移动，任务就算失败。先给团体20分钟的准备及实验时间，之后开始正式的操作，操作过程中不能再讲话。游戏看似很简单，但要成功地完成非常不容易，需要团体领导者进行严格的裁判。允许成员中途休息。

讨论：如果一个人去完成这个任务是相当简单的事情，但是一个人做的工作由几个人来做，它比一个人做时还要不容易完成，为什么？你的执行能力如何？你能不考虑别人的因素，按照自己规划好的去实施任务吗？在执行任务的过程中，你通常会受到哪些因素的干扰？怎样能够提高你个人及团队的执行力？

第六单元：解压释压。

活动1：拍七令。

目的：热身。

操作：从1—99依次报数，报数的速度要快，但每逢含有“7”或“7”的倍数的数字时不许报数，要拍下一个人的后脑勺，下一个人继续报数。如果有人报数时间太长、报错数或拍错人则暂停，出错的人要等待惩罚。

讨论：引申出压力问题。这个游戏进行时你有没有感到压力？压力来源于什么？

活动2：领导者压力圈。

目的：帮助成员了解领导者可能面对的压力。

操作：请成员在图片中填写自己作为一名领导者可能面对的压力。较大的圈中写程度较大的压力，以此类推。在小组中分享。

讨论：大家面对的压力有哪些是共同的，有哪些是自己独有的？个人为什么会有这样一些压力？这些压力对你来说有什么积极与消极的作用？

活动3：头脑风暴，解压策略。

目的：帮助成员学会如何应对压力。

操作：以小组为单位进行头脑风暴，把想到的所有的减压策略全部写下来，越多越好。之后每组派一位成员进行大组的分享。领导者根据成员的信息进行必要的总结。

第七单元：争分夺秒。

活动1：生命时间。

准备：30张长条纸、笔。

操作：向成员说明这是一个需要仔细思考的游戏。按下面的指导语来进行。

假如现在你个人的生命处于0—100岁，接下来将来玩一个游戏。现在已发给每人一张长条纸，用笔将它画成10份，每份代表生命中的10年，分别写上10、20、30以至100的字样，最左边的空余部分写上“生”字，最右边的空余部分写上“死”字。

第一个问题：请问你现在的年龄是多大？请把相应的部分从前面撕掉，过去的生命再也不会回来了，请撕得干净些。

第二个问题：请问你想活到多少岁？假如你不想活到100岁，就把后面的纸撕掉。

第三个问题：请问你想多大年龄退休？请把相应的退休以后的部分从后面撕下来，不要撕碎，放在桌子上。剩下的纸就这么长了，这是你可以用来工作的时间。

第四个问题：请问一天24小时你会如何分配？一般人通常是睡觉8个小时，占了1/3，吃饭、休息、聊天、看电视、游戏又占了1/3，其实真正有效率的工作时间约8个小时，占1/3。所以请把剩下的纸折成三等份，并把2/3撕下来，放在桌子上。

第五个问题：比比看。请用左手拿着剩下的1/3，用右手把退休那一段和刚才撕下的2/3加在一起。并请考虑一下，你要如何用左手的1/3工作赚钱，提供自己右手上的吃喝玩乐及退休后生活的种种所需。

讨论：你平时的时间安排是怎样的？你是否将重要的时间花费在重要的事情上了？你将怎样规划自己的时间？

活动2：我的时间我做主。

目的：帮助成员了解自己的时间分配，学习时间管理。

操作：请成员以小组为单位进行，在小组内通过非语言的形式演出自己典型的时间分配方式。小组成员讨论自己的时间规划是否合理。相互讨论有哪些方法能够帮助自己更好地利用时间。

第八单元：止于至善。

活动1：收获。

目的：总结本次团体活动，了解每位成员的感受和建议。

操作：团体领导者自己做总结，然后请团体成员一一发言，表达自己的感受。

活动2：把心留住。

目的：结束团体，帮助成员对未来生活进行适当预估。准备：笔、心形小卡片、录音机、录音带。

操作：播放轻柔的音乐，团体领导者给每位成员发若干张心形卡片（根据团体人数），请成员在每张卡片上写出自己所拥有的、所想要的好的特质或东西。这些卡片就是成员的一颗心，请成员衡量自己及其他人的需求，送给每位成员一点自己的心意。全部送完后，围圈坐下，请每位成员谈谈送礼的心情如何，为什么送这些“心”，接受礼物的心情如何，你送礼物的用意是什么，带着这么多成员送的“心”，离开团体后你打算怎样生活。

心形卡片代表成员的心愿与期盼，当一个团体成员捧着其他人的“心”，更能体验到团体的温情。但团体领导者要注意把握团体气氛，不要过分依恋或伤感，而应该充满活力，尽兴地结束活动。

（三）第三阶段：实战演练训练方案

在该阶段的训练中，让成员以小组为单位进行实战训练。基本任务如下：自选下列任何一个主题作为自己小组的训练内容。

组建一个社团，并开展活动。

在全校开展一项有影响力的活动。

与企业或者公司合作，尝试一次营销活动。

时间：两个月。

具体形式：全体成员每两周聚集一次，汇报小组进程，商讨策略。

第一次：做好活动计划书，大团体内分享。提出建议，完善计划书。

第二次、第三次：就活动中的难点展开讨论，学习利用团队资源，相互学习。

第四次：结束时，小组要进行活动总结，展示活动成果，组员畅谈感受。

第四章　高校自我成长心理健康教育团辅活动设计

第一节　亲密关系的团辅活动设计

一、大学生亲密关系的影响因素

（一）归因方式

亲密关系的质量关乎着情侣之间感情的重要体验，是衡量亲密关系的一种重要方式。由于不同情侣之间亲密关系质量的不同，当发生冲突时会采取不同的归因方式。早期学者认为当幸福的伴侣在遇到正性行为时，会认为这是对方内部因素在起作用。当遇到负性行为时，会认为这是源于外部因素。就像在婚姻关系当中，幸福的夫妻常常把另一半好的行为归于内在原因，觉得是他的善良、道德等。马瑞等人通过研究依恋风格，发现依恋风格也对归因有一定的影响作用。他们认为安全型依恋的个体在归因风格方面往往会表现出乐观的信念和积极体验，愿意与对方交流表露自我以产生积极的反应。

（二）成人依恋

研究大学生的亲密关系，成人依恋也是一个重要的影响因素。成人依恋指的是与伴侣之间构成的一个情感联结。通过反复与依恋对象之间的互动，形成内部工作模式，而当这种工作模式自动化、习惯化了以后，会强烈地影响我们个体，特别是亲密关系。实证研究表明，成人依恋和关系满意度密切相关。其中依恋回避和依恋焦虑的个体亲密关系满意度往往更低。也有学者证实在大学生群体当中，成人依恋在依恋回避维度上表现出差异性（性别、年龄、独生或非独生、恋爱持续时间）。成人依恋的相关研究，对于进行亲密关系辅导策略研究具有重要的作用。

（三）人格特征

人们会选择与自己在一些方面相似的人交往，使自我概念能够得到确认。正所谓“物以类聚，人以群分”。在一项大学生室友关系的研究当中指出，往往吸引室友的是价值相似性。在对情侣的研究中也发现，亲密关系的双方在人格上具有相似性。王佳等人在研究大学生亲密关系提升策略时，从训练高拒绝敏感个体的角度提升亲密关系。在亲密关系研究当中，人格特质中的拒绝敏感性是一个重要的研究命题，它是指对于社会拒绝具有相对高度敏感的人往往趋向于表现出对社会拒绝存在的紧张、焦虑性的预期和期望。亲密关系是通过不断地互动建立起来，而拒绝敏感度高的个体往往会迟钝或者麻木，因而表现出相同或者更加冷漠的行为回应。

（四）自我分化

自我分化良好的个体能够把握与恋人之间的亲密关系，他们能够清楚自己要什么，对自己有明确的定位，不会过度依赖对方；自我分化程度低的个体往往在亲密关系中回避或者过度依赖他人，这与依恋有着密切的联系。有学者在研究自我分化时发现，男大学生在自我位置、与人融合、情绪反应三个维度得分高于女大学生，女生在亲密关系中更加容易受到外在影响并且情绪反应强烈。在相互分享的过程中，也会产生积极的效应。在恋爱的亲密关系中，有学者提出身体外表的吸引力对于亲密关系也有一定的影响，男性更加看重女性的身体外表吸引力。此外，原生家庭的关系信念模式、家长的信任或支持、浪漫技巧的运用等也对恋人的亲密关系有一定的影响。

二、基于团体心理辅导提升大学生亲密关系的策略

近年来，团体辅导逐步拓展到课堂外，在操场和训练场等宽阔的地方开展相关的活动。团体辅导作为一种心理辅导的形式，在团体领导者的带领下围绕中心主题开展活动和人际交往、人际互动。利用团体辅导的干预方式来提高大学生亲密关系质量是一种有效的方式。在团体辅导中，团体成员的态度、观念、行为有意无意地在发生改变，不仅能短时间内提高亲密关系，从长远来看也利于整个亲密关系的长期维持并朝一个较好的方向发展，这样可以减少一些相关的负面情绪，更加利于大学生的学习和生活。潘莉莉在《团体辅导对大学生人际交往能力提升的实证研究》中也指出，团体辅导对提高大学生人际交往有重要意义，对于大学生心理健康教育教学体系具有较高的价值。

（一）注重早期心理教育，做好心理健康辅导工作

有研究者在大学生进入大学时就通过心理健康普查工作掌握大学生的心理特点和心理健康水平，国家也出台相关政策，重视心理健康普查工作，这有益于高校能够在有效的时间内进行辅导和干预。通过团体辅导的方式，关注童年创伤，青春期压抑、焦虑、抑郁症等问题。一些高校对农村留守学生、贫困家庭学生给予了关心和照顾，注重他们的心理教育，对于个别学生进行心理干预，从根本上解决了他们在亲密关系中的一些问题。在信息化时代，更要有效运用现代化的手段，甄别出在亲密关系方面需要帮助的学生，并且安排老师做心理评估、心理测评、危机干预、心理辅导等工作。对于学生出现的相关问题要综合分析，力图帮助学生正确应对亲密关系，合理看待亲密关系问题，提升相关解决问题的能力。

（二）积极开展团体辅导干预，提高学生自我分化水平

自我分化是影响大学生亲密关系的因素之一。通过团体辅导，能够

帮助团体成员认清自我，学会正确的情绪表达和理性看待问题。鲍恩家庭系统治疗理论为团体辅导提供了理论依据，他指出自我分化的两个层面，即内心层面与人际层面，帮助学生提升理智和情感区分开的能力以及在亲密关系中独立性的能力。王一凡在硕士论文中以原生家庭核心家庭情绪和个体感受为主线，家庭与亲密关系为议题，设计角色扮演等活动，展开团体活动。结果表示，以家庭为主线设计的团体辅导也有利于大学生自我分化水平的提高，从而对于大学生的亲密关系有积极的作用。

（三）开展班级团体辅导，建立健康的亲密关系

大学生的亲密关系问题具有普遍性，班级团体辅导可以有效帮助大学生建立健康的亲密关系，对于个别学生除了班级团体辅导，也要采取个别辅导的方式，保护学生的相关隐私。在相关的实证研究中发现，参加过团体辅导学生的思考和判断更加积极，心理状态和承受力更好。当前，一些高校团体辅导基本上每周一次，每次约120分钟，为期八周，并且在每次辅导以后老师会布置相应的作业，以及小组讨论启发和个人思考。在这样的团体辅导活动中，成员之间能够加深了解，也更加具有参与感、安全感。他们能够在相互帮助当中建立友善的亲密关系，从而对于提升亲密关系有积极的作用。此外，鼓励学生参与校园活动、社会实践、竞赛比赛、志愿者活动等，培养自己的兴趣爱好，塑造乐观开朗的个性。通过校园生活和团体辅导，对学生心理方面产生积极的影响，帮助学生建立健康良好的亲密关系。

（四）巧用现代新媒体平台，提高团体辅导水平

在社交媒体时代，新媒体也是一项很好的沟通交流工具，大学生更加容易接受来自新媒体平台的新鲜事物。高校应利用网络平台（QQ、微信等）开展心理辅导，通过面谈、微信交流、网络聊天、邮件咨询等方式为学生提供在线心理辅导。必要时可通过团体心理辅导对学生的问题进行有效的干预和疏导，解决其在大学生活中遇到的困难和难题。高校

针对亲密关系的专题团体辅导对于大学生而言很有必要性。利用微信公众号、微博、线上讲座等方式传播心理知识，更有利于避免面对面时的沟通障碍，拉近与学生的距离，也能够充分了解学生的现状，以便于预防和及时有效的干预。

（五）采取差异化的辅导方法，增强被辅导学生的心理安全感

在研究中发现，一些大学生由于受到错误观点的误导，对亲密关系造成了比较消极的影响。在针对大学生亲密关系辅导时，也要求针对不同的学生采取差异化的辅导办法。2015年，有研究者对我国34个城市大学生进行调查。结果显示，有60.5%的人接受性解放，还有67.1%的人接受婚前性行为，伴随而来的就是大学生群体成为艾滋病等疾病的高发人群。因此，高校更应该重视学生的安全教育，帮助学生建立正确的两性关系，不要被错误的观念所误导。高校老师在进行团体辅导和干预的时候，要根据学生年级、性别等方面开展差异化的亲密关系团体辅导，并注重学生的隐私，增强学生的心理安全感。此外，差异化也体现在不同地域学生差异化辅导、不同问题学生差异化辅导，力图减轻亲密关系中的风险因素。

三、团体辅导设计方案

正值花样年华的大学生，爱情悄悄地生长并繁茂，爱情无疑是大学生们最为关注的话题之一。大学生的爱情如同夏日里的太阳雨，美丽却又有些伤感。因为恋爱问题处理不当导致当事人心理痛楚、人格扭曲，甚至引发精神失常的例子在大学校园里时有发生。因而，确立健康的爱情观，是大学生未来幸福生活的金钥匙。

（一）活动一：春暖花开

背景介绍：本次团体辅导活动首先安排成员彼此熟悉，使成员通过介绍自己而对彼此有初步的认识。辅导教师帮助成员了解男女的不同特

质，并了解成员对团体的期待，使成员对团体有初步的认识，并能更进一步对团体的规范有所了解。

活动目标：协助成员彼此熟悉和订立团体规范；帮助成员了解男女的特质。

时间：大约一个小时。

地点：团体心理活动室。

人员：心理辅导老师、助手、团体成员。

材料：五次活动的宣传张贴画、特质卡、特质看板、白纸、卡片、音响设备。

方式：游戏活动法。

1.热身活动

赏花：全体成员站成一个大圈，唱与花有关的歌。

找同类成员。喜欢同类花（菊花、牡丹花、玫瑰花、兰花、樱花等）的同学聚在一起，互相认识。

2.分组

报数分组：成员们围成一个圈，拉起手，重复报数1、2、3、4、5，同样数字的人组成一个组，形成若干个五人小组。

3.具体活动

相识活动：连环炮（介绍自己的优点和团体名字）。

辅导教师指导语：今天是我们团体第一次“春暖花开”。在春暖花开的季节，让我们一起来整合男女成员不同的特质，更好地发展我们受欢迎，特别是受异性欢迎的特质。

特质大观：助手给每个组发一个看板，给每个成员发六张卡片。成员写下自己的男性特质、女性特质及中性特质，各写两种。将写下的特质卡贴在看板上，红色为女生区，蓝色为男生区，黄色为中性区。

分享与讨论：在两性间，哪些是受欢迎的特质，哪些是不受欢迎的特质？全体成员分享：黑板上放有三种颜色的大看板，大家将每个组的特质都贴上，每个成员介绍自己受欢迎的特质和应该改变的不受欢迎的特质。

辅导教师将参考特质资料展出，与大家分享。助手发下纸和彩笔。

辅导教师指导语：在春暖花开的季节，每个成员画一朵自己最喜欢的花，在花里填上以下内容：团体名字；最佳特质；兴趣爱好；班级；团体规范：保密、守时、尊重；对团体的期待。

助手收起“我喜欢的一朵花”。成员交流、分享。尽量多地记住成员的名字。

活动反馈：请根据你的活动情况总结一下你的心得体会。该活动的优点是什么？该活动的不足之处是什么？

（二）活动二：夏日炎炎

背景介绍：青少年学生在与异性交往中经常遇到的困惑是不知道双方之间的关系是喜欢还是爱，从而产生了爱的迷思。通过本次团体活动，帮助成员了解喜欢与爱的区别，更好地处理与异性的交往。

活动目标：帮助成员解决迷思；让成员了解喜欢和爱的区别。

时间：大约一个小时。

地点：团体心理活动室。

人员：心理辅导老师、助手、团体成员。

材料：五次活动的宣传张贴画、白纸、彩笔、音响设备、歌曲《可爱女人》的歌词和音乐、爱与喜欢量表。

方式：测量与讨论法。

1.热身活动

让成员聆听周杰伦的歌曲《可爱女人》，说出歌曲中提到的女生的特质。

表达观点指数：1—10表示爱情从悲伤到美好的程度。成员根据自己对爱情的理解选择数字，并分享心得。

2.分组

水果类分组（西瓜、草莓、苹果、鸭梨、橘子等）。

3.具体活动：青春的烦恼

烦恼呈现：每一组成员在纸上写下与异性交往的困惑。

解决烦恼：洗牌，每个成员抽一张（不能是自己的），大家帮助解答，分析这是喜欢还是爱。

冰激凌奶茶：助手发下爱与喜欢量表，每个成员自我测试与评估出自己的类型。小组分享，全体分享，辅导教师统整成员的分享内容，并拿出事先准备好的喜欢和爱的定义的海报，澄清成员的观念，希望成员能对自己的情感界定清楚，以免造成困扰。

观念如下：喜欢是以自己为出发点，因为某些事情、特质引起你的好感，你就开始去喜欢这个人、事、物，而且只是一个比较好的正面感受；爱是不完全以自己为出发点，会考虑到对方的需要，全心全意为对方付出，彼此产生依附感，有时也会有亲密感出现。

活动反馈：请根据你的活动情况总结一下你的心得体会。该活动的优点是什么？该活动的不足之处是什么？

（三）活动三：秋天的收获

背景介绍：现在年轻人的爱情价值观趋向多元化，每个人的价值观并非与生俱来，受到社会环境和周围的同伴的影响。因此，通过团体可以澄清一些爱情价值观，引导成员培养正确的爱情价值观。另外，现在年轻人的爱情很多只有亲密与激情，而缺乏承诺。本次团体帮助成员了解完美爱情的三要素，预知爱情的收获。

活动目标：让成员了解完美爱情的要素；协助成员慎重考虑终身大事。

时间：大约一个小时。

地点：团体心理活动室。

人员：心理辅导老师、助手、团体成员。

材料：五次活动的宣传张贴画、白纸、彩笔、音响设备、歌曲《对面的女孩看过来》、爱情价值拍卖单。

方式：游戏辩论讨论法。

1.热身活动

助手播放歌曲《对面的女孩看过来》，成员听从辅导教师的指示，安静地运用眼神、微笑、击掌等动作和其他成员打招呼。

2.具体活动：爱情价值观

发下爱情价值清单的表格，说明游戏规则（每人只有100万，至多可选10个项目，填好后依照项目去喊价竞标，该项目由价高者获得）。

拍卖规则：总资金100万元；每个项目底价为100万元；从第一个项目开始，想购买者即开始喊价，但每次加价至少50万元；每个项目喊价超过三次同样价钱后，若无人出更高价，即成交。

填好表格后，进行爱情价值大拍卖的活动。竞标结束后，成员分享为什么要买这个价值观，或是说一说这样的过程给你什么启发，有没有难以取舍之处。

听过别人的价值分享后，成员就以下三项举手表决（A.自己以前的价值观有一些修正；B.更坚定自己要哪些爱情价值观；C.自己的价值观和原来一样）。

辅导教师总结：每个人将来都有可能遇到爱情，此次活动让我们有机会思考并修正自己的爱情价值观，尽管这些价值观会随着年纪和环境的改变而有所改变，但只有清楚自己想要追求什么，才能知道将来的爱情要如何维系与经营。

3.具体活动：爱情金三角

分组：红、黄、蓝三大组（红代表激情；黄代表承诺；蓝代表交流）。每个小组讨论并列出爱情中本组内容的重要性。

辩论会：哪个组的内容最重要？如果没有本组的内容，会是什么样的爱情？举出生活中的例子。

辅导教师补充完美爱情三角形的理论。全体成员分享。

活动反馈：请根据你的活动情况总结一下你的心得体会。该活动的优点是什么？该活动的不足之处是什么？

第二节　情绪管理的团辅活动设计

情绪管理是现代人必备的基本能力之一。青少年发展阶段的情绪反应与变化十分明显，对其内外在环境所产生的影响非常广泛。喜悦与快乐常会使他们有欢愉的感受，而愿意积极努力地追求；焦虑、悲伤会带给他们不安与痛苦，使他们极力逃避，甚至形成自杀意图。因此，情绪的管理与表达强烈地影响着学生的生活适应与发展。了解学生的情绪发展特征与主要的情绪状态，进而协助他们应对各种情绪，便是我们教育工作者的任务。为了提升学生的生活品质和情绪智商，我们设计组织本团体活动，帮助学生打好情绪管理的根基。

搜集足够的信息和资料是进行团体辅导的基础和重要环节。在不同的团体中，人们往往具有不同的经历和家庭背景，面对同一问题会有不同的看法和解决对策。在团体中，学生能够获得多元化的信息，不断丰富的资料内容使学生不断增长多种知识，视野更加开阔，学生之间能够进行信息的交流，相互学习共同进步。学生能够形成多元化的价值观是非常重要的，能够在一定程度上提高自身的综合素质，在激烈的社会竞争中能够灵活应对。

将那些具有相似特征的学生聚集在一起进行团体辅导工作，学生之间能够更好地沟通、互动，体验不同的生活，潜移默化地被看到的事物所感染，学习新知识，自觉进行自身行为的分析，并且学会去改变和接纳各种事物，逐渐形成新的处事方式，能够接受更多事物，提高人际交往能力，形成良好的人际关系圈。一个好的团队氛围能够使每个学生处于非常放松的状态，能够更好地接纳各种东西。学生之间就会同心协力向着共同目标进步，具有良好的凝聚力，在团体活动中能够学会去关心、支持和信任他人，在团体中感受到温暖、归属感和认同感。生活环境对大学生的影响是非常大的，大学生在好的环境中能够不断提高自身能力，形成良好的素质水平。负责大学生情绪管理的教师要充分发挥自身作用，引导学生建立良好的生活环境，能够在一个舒适的环境中不断学习新知识，最终不断提高自身能力。

在进行团体辅导的过程中，要努力形成积极向上、温馨和谐的学习环境，这样就给学生建立了一个良好的学习场所，学生从中不仅能够感受到学生间的友情，相互之间帮助照顾，心理上也会非常放松，能够形成良好的学习效果。在一个好的学习环境中，大学生能够最大程度发挥自身潜能，不断创新和挑战自己。在大学生的成长环境中，不仅包括一些硬件设施，更加重要的还有大学生的心理环境状况，因此，要利用多种方式构建良好心理环境，保证大学生能够很好地调节自身情绪，不断进步。

总而言之，情绪管理的团体辅导重点是进行团体氛围的创造，学生在积极向上的环境中自然会有好的情绪状态。所以，要对大学生的不同情绪状况进行针对性的调节，充分尊重学生的自身特点，引导学生向着正确的方向发展进步。大学生面对越来越多的社会、生活和学习压力，非常容易产生情绪的波动，进行团体心理辅导是非常重要的。要积极了解大学生的实际情况，定期开展集体班会、素质拓展、小组访谈等活动，重视大学生的情绪管理工作，建立良好的生活和学习环境氛围，保证每个大学生都能健康成长，成为社会的栋梁之材。

一、大学生情绪管理的重要性及特征

（一）大学生情绪管理的重要性

情绪是一个人面对客观事物是否符合自身需要时，产生的一种主观态度体验。大学生作为国家未来发展的重要力量，其本身正处于敏感的青春期，在情绪上容易受到环境和人为因素的影响，尤其容易受到友情、爱情等方面的困扰，从而影响自身对于客观事物的认知。曾经轰动全国的马加爵事件和复旦大学投毒案，均是因大学同学之间的琐事而酿成的惨案，这使得社会各界开始愈发关注大学生的情绪管理教育工作。

另外，根据心理学的研究表明，大学生若长期处于消极的情绪状态，会出现不同程度的思维迟缓、意志力减退、认知功能受损等问题，进而影响到学习的效率，甚至会降低身体免疫力，从而诱发各类疾病。科学的情绪管理，有助于大学生保持身心健康，建立良好的人际交往关系，在工作和学习中能够正确认识到自己的优势和不足之处，对自身有一个清晰的定位，面对挫折和失败不气馁、不迁怒他人，能够勇敢地站起来，带着积极、愉悦的心情奋发向前。

（二）大学生情绪管理现状及特征

1. 大学生情绪影响因素较多

影响大学生情绪变化的因素可以说是非常之多，常见的如家庭因素、人际关系与沟通、异性交往、环境适应能力以及课程学习等。这些方面的因素都会在不同程度上对大学生的情绪产生影响，如果其不能够科学地管理好自己的情绪，就容易反过来影响到自己的人际关系、学习成绩以及性格和价值观的形成。另外，大学生的自我管理能力也是影响其情绪的重要因素。许多大学生在初中、高中时期，习惯了学校和家庭的高压约束，一旦迈进大学之后缺少了严格管理，自我管理能力又不强，容易迷失自我，在学习上消极懒散，终日沉迷于虚拟的网络世界无法自拔。

2. 大学生情绪特点多样

大学生在年龄段上正处于敏感的青春期阶段，其情绪特征丰富多样。唐子璐等人针对某高校的190名大学生进行了问卷调查，重点探讨了大学生的情绪特点。其中，有54%的学生认为自己可以清晰地识别到情绪的波动状态以及变化情况，有47%的学生认为自己的情绪属于压抑型，有53%的学生认为自己的情绪属于多愁善感型，有25%的学生认为自己属于冲动型的情绪，还有约30%的学生认为自己的情绪兼有上述几种类型。由此可以看到，大学生群体的情绪特点丰富多样，类型不一，而且还不排除少部分大学生不能客观地认识到自己的情绪特点，这些情况无疑都会给情绪管理的团体辅导增加困难。

3.大学生情绪处理方式单一

我国在校大学生，尤其是大一、大二的新生，其人际关系和社会关系简单，多数情况下都是局限于班级和校内的同学，或者是以前的同学和朋友。因此在情绪处理方面，其方式也略显单一。根据相关调查研究表明，多数男生在遇到情绪上的困扰时，会通过游戏或者体育运动来发泄情绪，而女生则会选择和闺蜜或家人倾诉，也有人会选择投入到自己的爱好中去，转移注意力。此外，有不少大学生会采用冷处理的方式来处理情绪问题，即对问题置之不理，被动地任其自生自灭。值得注意的是，很少有大学生会选择向心理导师求助或者向健康中心寻求心理疏导。由此不难看出，大学生在处理个人情绪方面的问题和隐患。

二、团体辅导中积极心理学的作用

团体心理辅导作为心理健康教育的有效途径之一，其普及性、探索性和体验性的特征在大学生心理健康教育工作中有着普遍的应用。然而，由于传统的团体辅导是以消极心理学为理论基础，其关注的重点在于大学生心理问题的发现和治疗，并且以解决大学生的心理问题作为团体辅导的最终目标，其辅导效果往往不能满足一些高校对于大学生心理健康教育的要求。积极心理学的教育内容并不仅仅是使人摆脱各种心理问题，它以探索人的情感体验和积极情绪为导向，重在提高人的智慧、乐观、宽恕、爱等积极心理情绪和行为表现，从而有效促进人的道德人格、健康心理以及创新思维能力的培养。积极心理学视角下的大学生情绪管理团体辅导，以学生的发展为本，通过事前辅导和预防而并非事后辅导的手段，以欣赏和开放的眼光帮助学生发现生命的价值和意义，开发学生的积极情绪体验和心理潜能，从而在根本上杜绝大学生心理问题的发生。

积极心理学为情绪管理团体辅导提供教学指导和目标。积极心理学理论通过乐观、欣赏、开放的目光去看待每一个人的潜力，重点在于提高人们积极、乐观的精神，从而使人获得幸福感和满足感。在针对大学生的情绪管理团体辅导中应用积极心理学，通过培养学生良好的情绪体验，磨炼学生的意志品质，从而让学生在分享中获得快乐体验，最大限度地发挥出个人的潜能，保持生命的最佳状态，这和新时代对我国大学生综合素质的全面发展教育目标是相吻合的，同时也可以为情绪管理团体辅导提供教学指导。

积极心理学为情绪管理团体辅导提供理论依据。对于个人而言，积极的心理因素是一个人生存和发展的重要内驱力，这也是积极心理学的核心内容。根据积极心理学的理论，不同形式的心理教育主要包括分享快乐、发扬正能量、播撒阳光和传递幸福等途径。大学生情绪管理团体辅导的方法同样也是以积极心理学为理论依据，通过创建情境、亲身体验、参与互动、心理辅导、心理激励、心理暗示等手段，全面培养大学生积极的心理情绪，让学生能够在自我调整中找到最合理的情绪调整和情绪管理方法。

积极心理学为情绪管理团体辅导提供科学模式。团体辅导要结合大学生的具体特征来设置不同的模式，同时也要充分表现出心理健康教育的目标和思想。积极心理学是以培养人的积极心理机能为核心目标，以积极的心理品质为研究内容，充分挖掘人的潜能和活力。在情绪管理团体辅导中应用积极心理学，不仅丰富了团体辅导的内容和模式，同时还可以通过积极的心理体验，引导大学生发挥积极健康的情绪，形成积极、健康的心理品质，从而促进了团体辅导的实效性，实现让大学生用积极态度去完成积极人生的教育目标。

（一）树立培养个体积极心态的指导理念

积极心理学改变了传统心理学过分关注人的疾病和弱点的特征，转而重点关注人的心态健康和优秀品质，从关注点上来讲更富有积极意义。因此，针对大学生情绪管理的团体辅导实践工作也应当重视对学生积极心态的培养，通过具体的活动使得学生体验幸福和美好的情绪，从而实现学生对于幸福感、快乐感、满足感等积极情绪的切实感受。另外，团体辅导还应当教会学生合理调控情绪的常用方法，让其能够客观认识到不同的情绪波动状态，熟练掌握控制情绪的技巧，从而形成积极的品质，素质健康的价值观，营造良好的人际关系。

（二）结合不同学生的情绪特点

团体辅导对于大学生情绪管理的干预应当有别于传统的思想政治教育方式，避免单纯的理论说教而造成学生的厌烦情绪，进而妨碍团体辅导的成效。在具体的团体辅导工作中，首先应当了解和接纳团体成员中已有的情绪管理机制。例如，有的大学生在团体交流中表现出对就业的焦虑情绪，辅导者应当了解这种情绪的深层原因，给予正确引导，让学生明白一味的焦虑并不能解决问题，甚至会起到适得其反的效果。此时，辅导者再借助于积极心理学中的乐观、积极等理念灌输，帮助学生客观、自主地分析自身优势和潜力，将焦虑的情绪转化为对加强自身就业能力的培养上，确立合理的就业目标，减少焦虑情绪。

（三）制订严密的团体心理辅导方案

团体辅导的方案制订除了要结合学生情绪特点之外，还需要围绕着情绪的积极认知、识别体察、合理表达以及宣泄为单元主题，制订严密的目标和流程，然后按计划定期开展辅导。例如，情绪的积极认知单元应首先明确目的，旨在让学生客观分辨出积极和消极情绪，学会从正反两个方面看待问题，从而对自己有正确的认知。为了强化团体辅导的效果，可以采用以下活动形式：让学生将最近自己被情绪困扰的一件事写在纸上，折成条放在事先准备的盒子里。再以抽签的方式，让每个学生抽出一张，通过自己对积极认知的理解，分析所抽到纸条上的问题所包含的消极认知和消极情绪，提出解决问题的方法。在对学生进行问题测试后，可以将有共性的学生构建成小组，通过小组成员的互动联系，促使学生在交流中观察他人、自我体验和自我认知，改善个体与其他成员之间的关系，学习新的态度和行为方式，激发个体潜能。这样，每个学生都可以在团体中找到被人接纳的感觉，找到彼此共同话题和爱好，通过分享发现“与我类似”的平衡点，达到放松情绪和管理情绪的目标。

三、团体辅导设计方案

（一）活动一：与你同台

背景介绍：好的开始是成功的一半，因此，辅导教师在团体一开始，就要帮助成员彼此熟悉，要向成员介绍团体内容、澄清团体的目标及明确成员对团体的期待。此外，第一次团体也要和成员共同订立团体规范，并承诺相互遵守，使团体可以进行得更顺利。

活动目标：协助成员彼此熟悉；成员订立团体规范，说明对团体的期待。

时间：大约一个小时。

地点：团体心理活动室。

人员：心理辅导老师、助手、团体成员。

材料：五次活动的宣传张贴画、音响设备、纸、笔、音乐《溜冰圆舞曲》。

方式：游戏活动法。

1.热身活动

全体人员牵起手围成一个大圈，放音乐（《溜冰圆舞曲》），转转圈，唱唱歌。

辅导教师自我介绍，欢迎成员参加团体，并简单说明何谓团体。

辅导教师指导语：今天，我们在同一个大舞台上，我们将共同了解、认识情绪，学会做情绪的主人。

2.分组

拼字分组：助手发给每个成员一张不同颜色的卡片，成员靠智慧去找自己的小组成员，找到同一颜色的组。拼字，形成若干个五人小组。各组将“与情绪共舞”五个字按顺序粘贴到纸板上，挂到黑板上。

3. 具体活动

辅导教师指导语：请小组成员之间互相微笑握手。

相识活动：连环炮。

幕拉开：一起来舞。

辅导教师指导语：今天大家的情绪是怎样的？下面大家用肢体语言表达出来，然后两人一组来表达一种情绪，最后以小组为单位一起表达不同的情绪。

订立团体规范。

辅导教师指导语：为了在“与情绪共舞”的舞台上充当好自己的角色，我们首先请你画一个“舞台”，并在里头写下有关内容，让每个成员陪伴我们一同走过每次的团体。

小组成员分享“舞台”。全体成员分享活动感受。助手收起“舞台”。

活动反馈：请根据你的活动情况总结一下你的心得体会。该活动的优点是什么？该活动的不足之处是什么？

（二）活动二：闪亮登场

背景介绍：情绪常常以非语言的方式表达出来，它利用我们的表情、眼神、姿势、手势、触摸来传达信息。然而非语言信息常常是模棱两可的，不只代表一个意思。因此，对非语言信息作解释，要考虑事件发生的情境（如嘲笑及因笑话而笑）、你和对方的关系如何（如敌对及和睦）、当时对方的情绪和你的情绪（如自己心情不好，看事情常较负面）。

情绪表达可以让别人可以更了解你，你也可以更了解别人，情绪得到释放并且变得更真诚，彼此的关系更牢固。表达情绪有几项建议：注意身体所发出的信息，确定自己的情绪与感受，对自己的情绪负责，清楚具体地分享情绪。

活动目标：帮助成员认识与观察不同的情绪；使成员了解情绪的变化。

时间：大约一个小时。

地点：团体心理活动室。

人员：心理辅导老师、助手、团体成员。

材料：五次活动的宣传张贴画、各种颜色的卡片、音响设备、音乐《步步高》《暗香》《阳光总在风雨后》《溜冰圆舞曲》《命运交响曲》《同一首歌》。

方式：表演参与法。

1.热身活动：猜猜他/她是谁

辅导教师说出团体笔名，请大家猜猜他/她是谁。

2.导入本次活动

辅导教师带领成员回想上次团体活动的内容，说明此次团体的目的是帮助大家认识与觉察情绪。

3.分组

卡片分组（高兴、快乐、焦虑、愤怒、悲伤等）。

4.具体活动

小组演练：助手给每个小组发放若干张表示情绪的小卡片，每位成员表演上面写的情绪，并让其余同学猜猜是什么情绪。

说明规则：只能靠动作、表情来表达，不能说话。其他成员猜他在表演什么情绪，直到猜对为止。

登台表演：每个小组派代表上台表演不同的情绪，其他成员猜。比赛看哪个小组成员表演得到位，哪个小组猜得准确。

大家讨论：从哪些方面可以猜出对方所表现的情绪？平常大家怎么表现这些情绪？

音乐变奏曲：不同的音乐会激发我们不同的情绪，下面我们听几首曲子，大家体验有什么情绪的变化。助手播放歌曲，让成员感受不一样的歌曲带给他们什么不同的情绪。播放《步步高》《溜冰圆舞曲》、沙宝亮的《暗香》、许美静的《阳光总在风雨后》、毛阿敏的《同一首歌》、贝多芬的《命运交响曲》等。

全体成员分享体会和收获。

活动反馈：请根据你的活动情况总结一下你的心得体会。该活动的优点是什么？该活动不足之处是什么？

第三节　人际交往的团辅活动设计

和谐的人际关系是大学生心理健康的重要标准之一，也是大学生健康人格的主要内容。人际关系和人际交往有着密切的联系，人际关系是人际交往的目的和结果，人际交往是人际关系建立的途径和手段。人际交往能力是大学生适应社会的必备能力，也是大学生社会化的重要内容，提升大学生人际交往能力是高校心理健康教育工作的重要内容之一。大学生人际交往能力提升的方式很多，其中，团体心理辅导是一种经济和有效的方法，并且具有广阔的应用前景。研究表明，团体心理辅导可以改善大学生的人际关系，有效提高大学生的心理健康水平与人际交往能力。而团体心理辅导要想取得良好的效果，辅导方案的设计是一个重要环节。本研究在分析提高大学生人际交往能力的重要性和团体心理辅导对大学生人际交往能力提升作用的基础上，针对大学生人际交往能力提升设计团体心理辅导方案的具体案例。

一、提高大学生人际交往能力的重要性

人际交往能力是大学生顺利完成学业、进行信息和情感交流所必备的个性心理特征，是大学生健康心理和健全人格的重要组成部分，是大学生提高社会适应能力和人格发展的重要途径和手段，良好的人际交往能力更是大学生适应社会的必备能力。

（一）提高大学生人际交往能力能够帮助大学生形成正确的自我意识

自我意识，简单来说就是对自己的认识。俗话说“人贵有自知之

明”，可见，自我意识对我们来说是很重要的，对正在成长的大学生来说更为重要。那如何更好地认识自己呢？通常来说有两条途径，一是通过自我觉察认识自己，二是通过他人认识自己。而要通过他人认识自己就要与人交往，只有通过与人交往，才能形成正确全面的自我意识。通过他人认识自己，自己在父母眼中、同学眼中、老师眼中、朋友眼中、兄弟姐妹眼中是个怎样的人，再寻找他们眼中共同的品质，认识到比较正确的自我，要做到这些都离不开与人交往，离不开我们的人际交往能力。

（二）提高大学生人际交往能够帮助大学生保持健康的心理状态

感觉剥夺实验表明，人都有与外界交往的需要，如果人的交往需求得不到满足，就会引起一定的身心反应，轻则会导致心理失去平衡，重则会产生心理方面的困扰甚至疾病。当前大学生出现的心理问题多数是由于其平时与人沟通和交流比较少，喜欢独来独往，并且性格也比较孤僻。在人际交往过程中，可以交流思想、感情、观点和经验，增加快乐和幸福体验，减轻痛苦，消除孤独。与人交往有助于保持健康向上的心理状态，有利于促进大学生的心理健康。

（三）提高大学生人际交往能力能够帮助大学生发展健全的人格

大学阶段是人格塑造的重要阶段，健全人格的形成对于大学生的全面发展有着至关重要的作用，大学生健康人格的培育是高校心理健康教育的重要内容之一，也是大学生成长成才的重要方面。良好的人际关系能够使大学生获得积极的感情支持，产生亲密感和归属感，进而促进亲密关系的形成，并发展友谊。而要建立良好的人际关系就要提高人际交往能力，较强的人际交往能力能够发展更多的兴趣，形成正确健康的意识和观念，促进健康人格的发展。

（四）提高大学生人际交往能力能够帮助大学生实现社会化

大学生正处在青年期，这一时期是社会化发展的关键时期，是大学生成长成才的重要途径和标志。在大学阶段的社会化需要在人际交往中实现，大学生通过与人交往传递着各种社会信息，能够进一步加深对社会的了解和认识，并逐步把社会行为规范加以内化，顺利实现社会化的进程。可见，大学生的人际交往与大学生的社会化有着密切的联系。

二、团体心理辅导对大学生人际交往能力提升的作用

团体心理辅导是“通过团体内人际交互作用，成员在共同的活动中彼此进行交往、相互作用，使成员能通过一系列心理互动过程，探讨自我，尝试改变行为，学习新的行为方式，改善人际关系，解决生活中的问题”，是团队成员之间沟通交流、促进心灵成长和完善的一种心理辅导形式。应设计科学合理、有针对性的辅导方案，通过团体心理辅导促进团队成员的觉察、沟通与接纳，且处事积极，心态乐观。团体心理辅导能培育大学生的积极心理品质，在心理健康教育中发挥着重要的作用。团体心理辅导对大学生人际交往能力的作用主要有以下几个方面。

（一）有助于大学生形成正确的自我意识，促进健康成长

自我意识是大学生健康人格的重要组成部分，只有正确地认识自己，才能更好地与人交往，建立和谐的人际关系。在团体活动中，参与者通过多种的活动形式与他人交往，可以通过观察别人，进而觉察自己，可以让参与者更加清楚地了解自己，认识自己的优点与不足，促进参与者进行自我反思、自我领悟、自我成长，促使成员之间的观念、情感、态度和行为发生改变，有助参与者建立一个全新的自我，提高人际交往能力，改善他们的交往状况。团体心理辅导能够帮助大学生形成正确的自我意识，提高大学生人际交往的技巧。

（二）有针对性地提升大学生的人际交往能力，维护心理健康

团体心理辅导可以有针对性地设计大学生人际交往能力提升辅导方

案，采用形式多样、内容丰富的辅导方式，对大学生实施团体辅导训练，为参与者提供多种人际交往的机会。通过团队成员之间的心理互动，还能发现团队成员在人际交往中存在的心理问题和心理困扰，依托团体的力量帮助成员实现对人际心理问题的自我觉察、自我表露、自我接纳和自我提升，能有针对性地解决大学生中存在的人际关系和人际交往沟通问题，帮助大学生实现自我人格的解构、再构和重塑，维护心理健康，获得自我成长，提升大学生的人际交往能力。

（三）能改善大学生交往的情感体验，形成积极的人际交往品质

在大学生人际关系团体心理辅导中，团体活动的特点和氛围可以让团队成员进行平等、自由的表达与交流，获得被人接纳与认同的感觉。成员还可以相互学习，交换经验和感受，获得社会支持，使成员有亲密感和归属感，感受到温暖和踏实、提升人际交往的满意度。同时，团体心理辅导中良好的人际氛围有利于成员进行自我觉察、自我反思，增强他们的自我归属感和认同感，形成积极的人际交往品质。

（四）能提高大学生的适应性，帮助大学生社会化

在团体心理辅导中具有不同文化背景、经历、经验和人格的大学生聚集在一起，对一些共性问题进行交流和讨论。通过人际交往的互动和探索，能够帮助大学生更好地适应不同的人际互动，更清晰地了解、认识自己和他人，提高他们的适应性，建构新的自我认同和人际交往模式，引导大学生更好地把在团体心理辅导中的人际交往模式应用于日常社会生活中，帮助大学生社会化。

三、团体辅导设计理论与方案

团体心理辅导既是一种心理辅导和治疗的方法，也是一种促进人格发展和预防心理困扰的有效教育活动，有其专业的理论、方法和实施的过程。带领团体首先要计划和设计团体辅导的方案，作为一名专业的团

体领导者，能否设计出科学合理的团体方案，直接影响到团体辅导的效果。下面是针对大学生人际交往能力提升而设计的团体心理辅导方案，本方案主要介绍设计理论依据及活动内容等。

（一）方案设计理论依据

团体心理辅导作为心理辅导的一种主要形式，它与所有心理辅导的理论有关，心理辅导的每个学派都能将其理论运用于团体心理辅导中。团体心理辅导没有理论的支持将是随意和凌乱的，对于大学生人际交往能力提升的团体心理辅导的理论依据主要有以下四种。

埃里克森自我发展理论：根据埃里克森自我发展理论，大学阶段是获得亲密感而避免孤独感的时期。大学生即将步入社会，需要学会与各种人相处，才能更好地适应社会和生活。如果一个人不能与他人进行交流，不能相互关心与帮助，就会陷入孤独寂寞的苦恼情境之中。

马斯洛需要层次理论：马斯洛需要层次理论揭示，每个人都有归属和尊重的需要，都渴望被别人接受、尊重或欣赏，在现实生活中如果想得到他人的接受、尊重和欣赏，必须与人沟通、交往。

人际沟通理论：人际沟通为团体辅导过程中人与人之间如何交往，怎样增强沟通效果，建立良好的人际关系、增进自我了解和他人了解，在协调人际关系中获得成长提供具体的方法和技巧。团体辅导的过程就是一种人际沟通相互作用的过程。

社会学习理论：社会学习理论认为人们通过对他人的行为进行观察和模仿来学习和形成一种新的行为方式。团体中充满关爱、理解和信任有利于参与者行为的改变。

1. 人际交往的模式

维吉尼亚·萨提亚是举世知名的心理治疗师和家庭治疗师，她提出了五种人际沟通模式。

（1）讨好型

讨好别人，只有他人和环境，没有自己。试图远离对自己产生压力的人或减轻自己因某些人所带来的压力。经常说的话是“都是我的错”“我不值得”“你喜欢怎么样”“没事没事”。行为和举动过分和善、请求谅解、哀求与让步。

（2）指责型

攻击别人，只有自己和环境，没有他人。试图表明不是自己的过错，让自己远离压力的威胁。经常说的话是“都是你的错”“你到底在搞什么”“你从来都没做对过”“要是你……那就……”“我完全没有错”。行为和举动是攻击、独裁、批评、吹毛求疵。

（3）超理智型

压抑感觉，逃避感受，只有情境，没有自己和他人。逃避现实的任何感受，也回避因压力所产生的困扰和痛苦。此类人的言语总是客观的、引述规章和抽象的想法，使用冗长的解释、复杂的术语，避开个人或情绪上的话题，很少涉及与人有关的感受，经常说的话是“人一定是要讲逻辑的”“一切都应该是有科学依据的”“人需要冷静”。行为和举动是威权十足、顽固、不愿变更、举止合理化、操作固执刻板。

（4）打岔型

避重就轻，习惯躲闪，自己、环境和他人都没有。经常以改变话题来分散注意力，不能专注在一件事上，避开个人的或情绪上的话题、讲笑话、打断话题、词不达意、不愿意真正去面对。让别人在与自己的交往时分散注意力，也减轻自己对压力的关注，想让压力因素与自己保持距离。言语上漫无主题、毫无道理、抓不到重点，随心所欲，经常说的话是“我自己也搞不清”。行为和举动是注意力不集中，多动、插嘴。

（5）一致型

重视自我、他人和情境，具有高自尊，内在和谐。语言上带有感受、思维，可以表达自己的期待、愿望、不喜欢，是开放的，愿意聆听别人，相互分享，尊重自己和他人，也能顾及环境。认可压力的存在，正视自己处于压力之中，能承担起自己在压力中的责任，为有效地应对压力而做出努力。言语中尊重现实、尊重自己、尊重别人，行为上接纳压力和困难、应对投入、顾全大局、乐于助人。

2. 人际交往中的心理效应

（1）首因效应

初次对人形成的印象往往很深刻，而且对以后的人际知觉会起很重要的作用。人们对一个人的态度、行为的判断，很大程度上依赖于对其第一印象。第一印象好，继续交往的积极性就高，于是就有可能“一回生，二回熟，三回成朋友”。任何最先出现的因素都会产生一种心理定势，这种定势将影响人们对于后来出现的信息的知觉。

（2）晕轮效应

晕轮效应也叫光环效应或月晕效应，是指由知觉对象的有关特征推及对象的总体特征，从而产生美化或丑化对象形象的心理倾向。它是一种影响人际知觉的因素。这种爱屋及乌的强烈知觉的品质或特点，就像月晕的光环一样，向周围弥漫、扩散，所以人们就形象地称这一心理效应为光环效应。和光环效应相反的是恶魔效应，即对人的某一品质或对物品的某一特性有坏的印象，会使人对这个人的其他品质或这一物品的其他特性的评价偏低。名人效应是一种典型的晕轮效应。

（3）近因效应

近因效应是指最近的信息对人的认知具有较大的影响，在多种刺激一次出现的时候，印象的形成主要取决于后来出现的刺激，即交往过程中，我们对他人最新的认识占了主体地位，掩盖了以往形成的对他人的评价，因此，也称为“新颖效应”。多年不见的朋友在自己脑海中的印象最深的，其实就是临别时的情景；一个朋友总是让你生气，可是谈起生气的原因，只能说上两三条，这也是一种近因效应的表现。

（4）刻板印象

刻板印象是指对某一类人或事物产生的一种比较固定、概括而笼统的看法。它既有积极的一面，也有消极的一面。积极表现是对于具有许多共同之处的某类人在一定范围内进行判断，不用探索信息，直接按照已形成的固定看法即可得出结论，简化了认知过程，节省了大量时间、精力，使人们能够迅速了解某人的大概情况，有利于人们应对周围的复杂环境。消极表现是在被给予有限材料的基础上做出带普遍性的结论，会使人在认知别人时忽视个体差异，从而导致知觉上的错误，造成先入为主，妨碍对他人做出正确的评价。

（5）互酬效应

生活中那些相互帮忙的人，其关系总是比较密切，这是互酬效应的体现。在人际交往中互酬效应主要有以下几方面。

能力互酬。在人际交往中，能力比较强的人一般总是比较容易成为人们交往的对象。

性格互酬。那些乐观、幽默、豁达大度、热情、乐于助人的人总是受欢迎。因为他们给人们带来快乐，提供帮助。

感情互酬。同情他人、关心他人、能够听别人倾诉、善于安慰别人的人往往朋友比较多，因为他们能给别人带来感情上的满足和补偿。

兴趣互酬。兴趣相似会增强彼此交往的欲望。

信息互酬。在人际交往中，那些见识广、知识面宽、掌握信息多的人往往成为人们喜欢交往的对象，因为他们能让人觉得跟其交往有收获。

（6）期待效应

也称为皮格马利翁效应，由美国著名心理学家罗伯特·罗森塔尔和伊迪丝·雅各布森在小学教学上予以验证提出。暗示在本质上，人的情感和观念会不同程度地受到别人下意识的影响。人们会不自觉地接受自己喜欢、钦佩、信任和崇拜的人的影响和暗示。皮格马利翁效应告诉我们，对一个人传递积极的期望，就会使他进步得更快，发展得更好。反之，向一个人传递消极的期望，则会使人自暴自弃，放弃努力。

（7）投射效应

投射效应是指将自己的特点归因到其他人身上的倾向。在认知和对他人形成印象时，以为他人也具备与自己相似的特性现象，把自己的感情、意志、特性投射到他人身上并强加于人，即推己及人的认知障碍。比如，一个心地善良的人会以为别人都是善良的；一个经常算计别人的人就会觉得别人也在算计他，等等。投射使人们倾向于按照自己是什么样的人来知觉他人，而不是按照被观察者的真实情况进行知觉。投射效应是一种严重的认知心理偏差，辩证地、一分为二地去对待别人和对待自己，是克服投射效应的方法。

3.大学生人际交往的心理误区与调节

（1）猜疑与防御并存

以猜忌的、不信任的眼光看待他人和事物，在交往中心存戒备，不能坦诚相待，而是捕风捉影，搬弄是非。过重的主观随意的猜疑拉大了人与人之间的心理距离，从而给人际交往带来了负面影响。

调节方法：找回理智，切忌感情用事；学会正确的人际关系认知方法，不以点带面、以偏概全；学会自我开解，在人际交往中不可避免出现误解，要善意地解读别人对自己的评价，有则改之，无则加勉。如果自己难以自我疏导，可求助学校心理咨询师。

（2）自卑与孤傲并存

有些大学生因为个人能力有限或是家庭贫困等原因，产生自卑心理，觉得自己处处不如人，因而在人际交往中过于拘谨，不敢抛头露面，被动接受别人的善意和帮助，错过了一些优秀的交往机会。还有一些大学生自我感觉过分良好，自视甚高，因此产生孤傲心理，觉得自己高人一等，在人际交往中常常目中无人，引起对方的反感。

调节方法：正确认识自我，不高估自己，也不妄自菲薄，在与人交往过程中抱有真诚、开放、热情的心。同时，面对自卑的交往方，鼓励其看到自己的优点；面对自傲的交往方，不卑不亢，展现自己的优势。以他人为镜，可以鉴身。

（3）自私与怯懦并存

部分大学生在人际交往中的自私心理表现为不为他人利益和处境着

想，或者利用他人达到目的，功利且势利。还有部分大学生生性胆小，与人交流时习惯性地退缩回避，遇到自己与人不同的观点，不敢坚持自己看法，而是唯唯诺诺，人云亦云，丧失了自己在人际交往中的个性和魅力。

调节方法：现在的00后多是独生子女，自私自利之心难免存在，这部分大学生需要认识自己的不足，同时观察多子女家庭的同学是如何和兄弟姐妹相处的。切忌功利、势利和精致的利己主义思想，做一个朴实无华的有为青年。而怯懦的人需要清除消极的自我暗示，学会肯定自己，不过于考虑别人对自己的看法，不患得患失。

（4）孤僻与显摆并存

孤僻的人经常把自己的真实思想、情感欲望掩藏起来，他们对任何人都不信任，少言寡语、高深莫测、不可捉摸，使人无法接近。而与之相反，爱显摆的人则是夸夸其谈甚至是夸大其词，自己所做的一件小事或拥有的一个小物品都被拿来向他人炫耀，这同样不利于人际交往的良好发展。

调节方法：多感受他人的善意，多参加集体活动，明白人不可能独立存在于世上，学习必要的交往技巧，进行心理训练和实践训练。

（5）嫉妒与冷漠并存

嫉妒心理是指人们在交往中发现自己在才能、名望、地位、实力等方面不如他人而产生憎恨、愤怒的情感，企图贬低甚至迫害他人的思想。而冷漠的人则是不管别人优秀还是失意，都事不关己高高挂起，独来独往，不与人接触，不关心他人的冷暖疾苦，是一个没有温度的人。不管是嫉妒还是冷漠，具有这两种特质的人在人际交往中都极度不受欢迎。

调节方法：当自己在交往中暂居劣势时，保持内心的平静和健康的情绪，与对方心平气和地交往，“偷师”别人的长处，而不是一味地诽谤对方不过如此。同时，要正确认识大学人际交往的特殊性、重要性，摆正自己在人际交往中的位置，摒弃那种对人际交往毫不在乎的错误思想。

（二）团体辅导设计方案

团体心理辅导的内容是根据团体目标而设置的，团体目标一般分为总体目标、阶段目标及单元活动目标。总体目标是团体心理辅导的总体方向，阶段目标是根据团体发展的历程而设定的，单元活动目标是每一个团体活动的具体目标。大学生人际交往能力提升团体心理辅导的总体目标是帮助成员丰富交往知识，增强交往意识，掌握交往技巧，提高交往能力。

本主题的团体心理辅导活动方案是围绕大学生人际交往能力提升策略展开的，结合学生人际交往能力辅导需求，根据团体发展阶段理论“一个完整的团体发展会经历准备阶段、创始阶段、工作阶段和结束阶段”，在团体总目标的统领下围绕人际交往能力提升的认知、情感和行为等维度，体现人际交往中尊重、平等、信任等原则，设置六个单元，每个单元时长为两小时，单元名称分别是“有缘相聚”“悦纳自我”“信任之旅”“沟通无极限”“解开千千结”和“感恩有你”。每个单元又有各自的单元目标，六个单元分别从“建立团队”“认识自我”“体验信任”“沟通技巧”“化解矛盾”和“结束团队”等活动目标设置具体的活动项目，并且每个单元设置三至四个主要活动来实现单元目标。每次活动都按照活动的三个流程“热身活动—主要活动—结束（分享、总结、评估）”进行，引导学生积极主动参与活动，分享感受与收获，并将活动分享总结的人际交往技巧与实际生活联系到一起，不断提高参与者的人际交往能力。下面是关于大学生人际交往能力提升团体心理辅导六个单元的具体设计。

第一单元：有缘相聚。单元目标主要是建立团队，通过循环自我介绍和团队建设活动，促进团队相互了解，营造团体氛围，并建立团队规范，强调成员积极主动交往的重要性。

第二单元：悦纳自我。单元目标是认识自己、了解自己的优缺点，体验与他人交往的乐趣，认识人际交往中受欢迎的人格特质，形成受人欢迎的特质。要提高人际交往能力，要建立良好的人际关系，认识自我是很重要的。通过设计“20个我是谁”“猜猜我是谁”活动来认识自己，认识人际交往中受欢迎的人格特质，通过“优点轰炸”活动进一步了解自己的优缺点。

第三单元：信任之旅。单元目标是培养成员间的相互接纳和信任，并体验信任别人和被别人信任的感受。人际交往中相互信任是基本原则，通过设置“信任不倒翁”“信任前行”“蒙目障碍”三个活动来实现单元目标。

第四单元：沟通无极限。单元目标是学习人际交往的相互原则，掌握沟通的言语和非语言技巧。人际交往要相互尊重，遵循平等的原则，沟通的方式有言语和非言语沟通。通过设置“自我肯定练习”“口腔体操（绕口令）”等训练言语沟通能力，而“人体拷贝（身体写数字）”“我做你学”等活动主要是训练非语言沟通能力。

第五单元：解开千千结。单元目标是使团队成员学会协调和化解成员之间的矛盾和冲突。在队际交往中，由于某种原因难免出现矛盾和冲突，如何化解呢？俗话说：“解铃还须系铃人。”通过设置“解开千千结”“角色扮演（人际矛盾AB剧）”“脑力激荡（改善人际关系的方法）”三个活动，让成员学习人际矛盾与冲突化解的方法。

第六单元：感恩有你。单元目标是体验团队合作互助的乐趣，分享心得、感受与祝福；树立信心，培养成员的团体合作意识，提高人际交往能力，把参加团体的收获应用到以后的社会生活中。经过前面五个单元的训练，大家开放自我，接纳他人，结下比较深厚的感情。通过设置“回首来时路”活动让大家分享参加团体心理辅导的收获、心得与感受，“祝福串对串”活动让成员相互祝福，并把参加团体的收获学以致用，应用到以后的社会生活中。最后的大合唱《友谊地久天长》《明天会更好》既让人留恋与回味，又让人对未来憧憬。

总的来说，通过团体心理辅导设计内容丰富、形式多样的活动方式，引导学生积极参与，培养学生换位思考、合作互助的意识，增强他们在团体活动中的自信心，消除他们在人际交往中的紧张感、畏惧感和焦虑感等，让参与者感受到一种和谐、信任、互助的团队氛围，掌握人际交往的知识和实用技巧。因此，能有效地提升大学生的人际交往能力，提高大学生的心理健康水平，促进大学生健康成长。

第四节　自我探索的团辅活动设计

两千多年前，古希腊人就把“认识你自己”作为铭文刻在德尔菲神庙的门柱上。“认识自我”，即自我探索，是个体意识发展的高级阶段，是个体对自己存在状态的认知，是人格的自我调控，是个体人生观、世界观、价值观在形成过程中与现实冲突并自我调整的过程。

认识自我是我们每个人自信的基础和依据。一个人在自己的学习、生活、工作经历中，在自己所处的社会环境中，能否真正认识自我、肯定自我、塑造自我形象、把握自我发展，如何抉择积极或消极的自我意识，将在很大程度上影响或决定一个人的前程和命运。

大学阶段是个体自我意识急剧增长、迅速发展和趋于完善的重要时期，一些处于青春期的大学生由于没有形成对自我的正确认识，而导致了不良的生活体验及情绪，这些会严重阻碍他们的发展。开展大学生自我探索的团体辅导，对于帮助学生拥有自信、自尊、自爱，正确认识自我、接受自我、悦纳自我，挖掘个人潜能，具有重要意义。

一、团体辅导设计理论

（一）詹姆斯的自我论

威廉·詹姆斯是关注自我研究的最坚定的早期倡导者。詹姆斯将自我经验分为三个部分：物质我（与周围物质客体相伴随的躯体我）、社会我（关于别人对自己的看法的意识）以及精神我（监控内在思想与情感的自我）。詹姆斯认为，一切与自身相关的事物都会在某种程度上成为自我的一部分。

（二）弗洛伊德的自我论

奥地利精神病学家弗洛伊德于1913年提出的人格结构理论认为，人格是由本我、自我和超我三部分构成的。自我与外界发生联系，能根据现实的原则代表外界的要求，是自律的适应作用、防卫作用和综合作用的主体，具有认识、判断与执行的能力。自我的重要任务是满足本我的欲望，是本我的真实奴仆，但也想根据现实原则来“控制”和“约束”本我。可见，弗洛伊德的自我概念是在生物学基础上，因后天的经验与生物性的成熟而成长起来的，它来自个体外部客观的观察，是个体精神机能的主体之一。

（三）奥尔波特的自我论

美国心理学家高尔顿·威拉德·奥尔波特整理了一些学者关于自我的论述，把自我分为八类：把自我理解为主体的自我、作为被认识到的客体的自我、作为原始的利己心的自我、作为控制冲动的自我、作为精神过程接受者的自我、作为追求目标者的自我、作为行为体系的自我、作为文化主体的自我等。从奥尔波特的分类中可以看出两点：一是自我概念内涵的多样性；二是他没有提出分类的根据与标准。

（四）米德的自我论

美国社会心理学家乔治·赫伯特·米德从奥尔波特对自我的分类中挑选了第一类和第二类加以展开。他把自我分为两个成分：一是作为主体的我，二是作为客体的我。作为客体的我接受着主体的我的命令与态度，使自身符合社会的要求；而作为主体的我则随时随地根据社会规范而实现对主体的我的调节。他认为，自我的这两个方面是通过社会交往逐渐被分化而明确起来的。

（五）哈特曼的自我心理学

奥地利心理学家海因兹·哈特曼是自我心理学之父，对近代自我心理学的建立和发展有着重大影响。哈特曼在其理论中谈到自我的综合功能、自我心理过程以及自我防御机制，最重要的是他提出了自主性自我的概念。哈特曼认为自我在生命的早期是未分化的，是和本我同时存在的，而且二者在其内在倾向方面都有其各自的根源与独立发展过程，自我过程也并不是由性和攻击的中和性能量所推动，并不依赖于纯粹的本能目的，即自我过程并不都是为了满足个体的本能需要，而是有着不同于本能的目标。哈特曼还论述了自我防御机制，认为自我防御机制并不一定都是病态的或消极的，在个体的发展过程中，它也可以是健康的、正常的，有助于个体对环境的适应和自我整合。自我的自主性是非常强的，它并不完全受本能的支配，而是以其拥有的感知、记忆、思维等认知过程来自主地支配自己，主要是以非防御性的方式来应对现实，适应环境。

（六）埃里克森的自我统一性理论

美国心理学家埃里克森强调应该赋予自我特征和它自身的需要。他认为，自我在为本我需要服务的过程中，发展了自身的各种功能。自我能够组织个人的生活，保证个体生理环境和社会环境的永恒和谐；自我是人在发展中的心理过程，包含人的有意识的动作，并能对之加以控制；自我是个人过去经验与当前认知任务的综合，它引导个体的心理能量向社会要求和规定的方向发展；自我能把人的内心生活和社会任务统一起来，这就是自我发展的同一性问题。

埃里克森强调人一生的发展就是自我适应社会的过程，是一个自主的、充满冲突的发展过程。为了发挥个人的最大功能，在满足本能需要的基础上，个体还需要对埃里克森的理论加以整合，因此，个体必须追求一种稳定的自我意识，即自我同一性的认识：个体能感到自我的完整和自我经验的延续。埃里克森还把人的发展分为八个阶段，每一阶段都存在一种危机，危机的解决则意味着个体向下一个阶段发展的转折，当危机顺利地解决，则形成这一阶段积极的自我；反之，则形成消极的自我。各个发展阶段之间是相互依存的，同时每个阶段又会形成自己独特的自我特征，人格的发展就是在与环境的不断作用中形成的各个阶段自我同一性的整合。埃里克森更注重文化、历史和社会的作用，尽管他的理论缺乏严格的科学论证，但对当代的心理学，尤其是青少年发展有着深刻的影响。

二、团体辅导设计方案

团体目标：通过团体辅导，帮助学生认识自我、悦纳自我、超越自我，提升成员自我觉察和觉察他人需要的能力，树立一个客观的自我认识形象，不断完善自我，直视自己的人生。

团体对象：在校大学生。希望了解和认识自己、通过努力改变自己、积极规划未来、把握大学阶段的学生。

团体时间及次数：团体辅导五次，每周一次，每次时间为90—120分钟。

招募方式及人数：利用海报、传单或校园媒体平台宣传招募。团体人数为16—24人。

团体领导者：指导老师一名、协助者一名。

三、团体辅导模块

（一）模块一：有缘相聚——组建团队

总目标：引发成员参与团体的兴趣，促进成员之间相互了解和认识；建立团体规范，形成团体，澄清团体目标，帮助成员明确团体辅导的目的与意义。

主题活动：一块钱和两块钱；自我介绍；抛物唤名；签订契约。

时间：60—90分钟。

1.一块钱和两块钱

目的：活跃团体气氛，帮助成员以愉快的心情参与团体活动，增加成员之间的凝聚力，加深彼此的认识与了解。

时间：20分钟。

操作：指导老师根据男女组员人数来判断，如男生人数多于女生，女生就当“两块钱”，而男生则是“一块钱”；反之，女生就当“一块钱”，而男生则是“两块钱”。如果男女人数相等，则可以抽签或者掷硬币决定。

指导老师说出钱数，所有组员根据钱数手拉手组成相应的数字，没有按要求组成钱数的组员被淘汰。例如，指导老师喊出6块钱，所有组员必须和身边人迅速搭配并拉手，使面值加起来等于6块钱。剩下的组员继续组合，直至剩下4—5人为止。

游戏结束后，请第一轮被淘汰的组员表演小节目。

2.自我介绍

目的：让成员相互熟悉并认识，掌握向别人介绍自己的技巧，知晓在人际关系建立初期应该注意的问题，锻炼人际觉察的敏感性。

时间：30分钟。

操作：所有人自由组合，一对一互相介绍并认识对方。每人限定1分钟。

所有人围成大圈，依次站在圈中间，简要介绍自己（在多次重复中，快速地记住他人的信息）。

3.抛物唤名

目的：帮助成员尽快熟悉并记住其他人。

时间：20分钟。

操作：成员站成一圈，由指导老师将一物件（气球、红旗等引人注意的物件）抛给任何一人并叫出被抛者姓名，然后被抛者再抛向另一人并叫出姓名，如果名字被叫错，被抛物者及时纠正，“我叫某某某”。以此类推，不中断大约进行5分钟。

活动结束后，叫错名字的成员要表演一个小节目。促使成员在游戏中尽快记住团体中的每一个人。

4.签订契约

目的：形成团队，讨论并签订团队活动契约，形成团体规范，明确团体目标。

时间：15分钟。

准备：团体契约、团体辅导成员名册。

操作：形成团队小组。指导老师请全体成员站成一圈，按照1、2、3、4报数，所有报1的为第一组，依次为第二、第三、第四组。人数少的时候可以分为两组或者三组，一般4—6人为一组。

小组讨论：在参加团体辅导过程中应该遵守哪些规则？各组选派一位同学报告讨论结果，并说明对团体辅导的期待。

指导老师总结团队规则，并要求大家在团体活动期间共同遵守和维护团体契约。

全体成员在团体契约上签字。请一名学员将团体契约贴在活动室的墙上，大家共同遵守。发放团体辅导成员名册给每位成员。

团体契约：我愿意自始至终参加本次团体辅导，不中途早退，在活动中全心全意投入，关闭手机，以免影响自己和他人。我愿意尊重每位成员的个人隐私，保守秘密。我愿意信任组员，开放自己，真实表达内心感受。我愿意对他人的表达真诚地反馈信息，不批评别人说的话。我真诚地相信：在团队中投入越多，收获越多。我遵守以上承诺，尊重自己，尊重他人。在活动中注意安全，遵守规则，一切行动听从指导老师指挥。

（二）模块二：我是谁——自我觉察

总目标：引导大学生了解和认识自己，发现真正和全新的自己，以发展的视角看待自己、分析自己、完善自己。

主题活动：我的自画像；个性名片；小小动物园；分享与总结。

时间：90—120分钟。

1.我的自画像

目的：通过非语言的方法将画者的内心世界投射出来，进行独特的自我探索、自我分析、自我展示，促进成员深化自我认识，加深对他人的认识和理解。

时间：30分钟。

准备：每人一张A4纸、每组一套彩色笔。

操作：协助者发给每位学员一张A4的白纸，彩色笔放于每组桌上，供需要者自取。

指导老师要求在5分钟内，每人在白纸上画一幅自画像。

指导老师温馨提示：自画像可以是形象的肖像画，也可以是抽象的比喻画；可以是一色笔画成，也可以是多色笔画成；可以有标题，也可以无标题。若有标题，可以是大学生活中的我、我的梦等。无标题成员随自己的意思，可以用任何形式来画出自己，抽象的、形象的、写实的等什么都可以。

时间到！请大家在小组内依次讨论交流自画像，同组成员可提出疑问。

小组讨论：指导老师巡视全场，发现典型案例。

团体分享：指导老师请典型案例分享自画像。

注意事项：有的学生可能因绘画技能差而为难，教师提醒这只是游戏，不是绘画比赛，只要求画的内容、形式等形象地反映对自我的认识即可。

2.个性名片

目的：鼓励成员把自己最想与他人交流的信息简洁明了地公布出来，学会推荐自己，在交流的过程中更好地认识自己。

时间：20分钟。

准备：每人1张胸卡、彩色笔若干。

操作：协助者发给每位学生一个空白的胸卡，彩色笔放小组桌上公用。

指导老师提示：请大家在10分钟时间内为自己设计一张“个性名片”，插入胸卡内。要求不少于5条个人信息，除文字外可用图形等多种形式表示，可以使用多种颜色的笔。

时间到！请大家在小组内交流，推荐出最佳胸卡，集体分享后佩戴胸卡。

3.小小动物园

目的：促进成员自我了解，了解他人，学习接纳每个人的独特性。

时间：约30分钟。

准备：每组一盒彩笔、一张卡片。

操作：指导者将笔和卡片发给成员，然后要求成员想一想最喜欢哪种动物，会选择哪种动物。思考一会儿后，在卡片上写上此种动物的名称。

等所有成员写完后，请每位成员看看这个小小的动物园里都有哪些动物，哪些与自己相似，哪些与自己不同，你在这个动物园中的感受如何（可能会缺乏安全感、焦虑不安等）。

请每个成员轮流介绍自己为什么选出这个动物，有些成员选择的动物是因为像自己的特质，如老黄牛；有些成员选择的动物则是自己期望成为的，如像狮子一样强壮，不受欺负。当成员介绍自己时，其他人可以一起讨论，给予回应，促使当事人进一步思考。

4.分享与总结

每人用一段话表达参加这次活动的感想。

指导老师总结：对自我的认识是一个不断完善的过程，对潜在的自我探索，可以真正反映自我的需要，深化自我认识。

（三）模块三：独特的我——自我肯定

总目标：当一个人能发现自己的优点并加以发挥、自信满满地面对生活时，就是积极体验。但如果一个人感受到的都是外界的消极评价、自卑甚至自怨自艾时，就是消极体验。该模块的目的就是让成员感受到积极体验，找准自身定位，寻求积极心理暗示，挖掘独一无二的自我。

主题活动：反向运动；投射练习；独一无二的我；成果和分享。

时间：90—120分钟。

1.反向运动

目的：放松，减轻焦虑，活跃气氛，让学员快速进入活动中。

时间：10分钟。

操作：所有成员起立围成一个圆圈，指导老师站在中央。指导者说“右转”，全体学员就将身体转向左边；指导者说“左转”，所有的人将身体转向右边。以此类推，发现有人犯错，宣判出局。最后只剩下少数人为获胜者。

2.投射练习

目的：了解体验别人及自己对自己的看法，反思自我的认知模式。

时间：20分钟。

准备：“他们眼中的我”问卷、笔。

操作：协助者给每位组员发放“他们眼中的我”问卷，请学员填写。

指导老师温馨提示：请学员检查自己填写的内容是正面多还是负面多，这个练习有助于我们多角度看自我，全面认识自己。

小组交流分享。

团体分享：每小组派一名学员在团体中分享。

3.独一无二的我

目的：通过活动认识独特的自己，从而能够珍惜自己独特的价值；同时，让成员善于发现自我的不同，从多方面思考问题。

时间：30分钟。

准备：A4纸、印泥、水彩笔。

操作：协助者给每个小组发一张A4纸和一个印泥。

指导老师要求每个组员用食指沾染印泥后将自己的手印印在本组的白纸上。

小组成员在白纸上印手印的过程中，指导老师要提醒大家仔细观察自己印下的手印，看看自己的手印有什么特点，同时观察别人的指纹有什么特点，看看自己的手印和别人的手印有哪些区别。

在每个组员都按完手印并观察完之后，指导老师将每张白纸倒转，并打乱顺序，然后让组员找出哪一张是本小组的，并且要求组员找出白纸上自己的手印，签上自己的名字。

在全部组员找到自己的手印后，请每人用彩色水笔装饰自己的手印，并贴在活动室的墙上。

注意事项：在组员观察自己和他人手印的过程中，指导老师要引导组员观察手印的独特性，从而使大家认识到个体差异的存在——每个人都是不一样的，每个人都有其独特之处和存在的价值。

4.成果和分享：我的性格和个性

时间：30分钟。

操作：小组交流分享：通过小组成员交流彼此不同的性格特点，找到相似点和截然不同之处。每组派代表交流分享本组的体会，阐述自己的个性特点。

指导老师引导学生认识“世界上没有完全相同的两片叶子”，迈出自我探索的第一步。

指导老师总结：个人的性格是什么样子，与他人有何不同，是每位学生必须思考的问题。每组的分享促进学生对自己的性格、优缺点、价值观等方面有了较为深刻的认识。

（四）模块四：未知的我——自我调适

总目标：在对自身的性格、优缺点、价值观等方面都有了较为深刻的认知后，每个人会对自身存在的问题进行调适和改进。在分析自我、悦纳自我的基础上进行积极的自我暗示，增强自我肯定和不断改变的原动力，从而拥有良好的自我评价能力和恰当的自信和自尊。

主题活动：风雨雷电；手有千千结；我的人生曲线；个人盾牌；成果和分享。

时间：90—100分钟。

1.风雨雷电

目的：采用放松自我的小游戏，舒缓压力，减轻焦虑，活跃气氛。

时间：10分钟。

操作：全体组员围成圈，指导老师先做动作，要求成员模仿做三遍，如：风（吹）、雨（鼓掌）、雷（跺脚）、电（捂耳朵），组员一起模仿。

当熟练动作之后，将全体成员分为风、雨、雷、电四组，指导老师说“风”的时候，风组做吹的动作；说到电的时候，电组做捂耳朵的动作等。然后，指导老师依次说风、雨、雷、电，组员将动作连做起来。

注意事项：无论做什么动作都可以达到放松心情、减轻紧张气氛、缓解压力的效果，有时一些极富创造性的动作会引起大家的笑声。

2.手有千千结

目的：引导成员在团队遇到困难时出谋划策、齐心协力，并且将自己的提议付诸实践，最终团结一致达到目标，从而使每个组员发现自己的潜能与重要性。

时间：30分钟。

准备：1米长的红线若干根。

操作：每组成员的右手叠加在一起，协助者用一根红绳以若干个复杂的结扣将大家的手系在一起，每位组员只有左手可以解结。

指导老师宣读注意事项：当一位组员在尝试用自己的方法解开结扣时，其他组员只能“动口不动手”，只能口头指导该组员。每个组限时5分钟解开该组结扣。最后解开结扣的小组集体表演一个节目。

再尝试第二种解开结扣的办法。协助者开始计时，组员依次轮流想一个解开结扣的办法，由出主意的组员尝试用此方式解开。第一个组员如失败，下一个组员想出一个与其不同的办法，继续尝试。以此类推，哪个组最先完成解开缠在所有人右手上的结扣，即为获胜团队。

3.我的人生曲线

目的：对自己的经历做出评估，理解千差万别的人生经历，增强对自己的理解和对“明天会更好”的期盼。

时间：40分钟。

准备：A4纸若干张、笔。

操作：指导老师说明用人生曲线探索自己人生的意义，要求每个组员画一个坐标，横坐标代表年龄，纵坐标代表自己对生活的满意度。指导老师要求大家找出自己生活中的一些重要转折点，连成线，边看线边思考，并对未来的人生趋向用虚线表示。每个组员思考10分钟。

指导老师温馨提示：对你影响最大的事件是什么？有怎样的影响？你是怎样走出心理低谷的？你对自己的人生曲线满意吗？最满意的是什么？

小组交流分享：每位组员根据坐标图坦诚相待地向他人介绍自己的人生。通过相互交流了解彼此不同的人生经历。

团体分享：每个小组派出一位代表在团体中交流自己的感受。

4.个人盾牌

目的：强化个人对自己独特之处的接纳，加强自我调适，树立“我之所以为我”的积极态度，增强自信心。

时间：20分钟。

操作：根据下列问题的答案，每个人做个自己的盾牌。答案有时是文字，有时是图案，在盾牌上可以按自己的喜好安排位置与顺序。

写出你从出生到现在最重要的一件事。

写出你以前最成功的事项。

写出你过去最快乐的时刻。

写出你的一项专长。

写出你想要加强的技能。你希望将来是什么样子？

如果你一向无往不胜，但目前只有一年的生命，你将会做什么？

如果你现在八十岁了，你喜欢别人用哪三个字来形容你？

5.成果和分享

时间：30分钟。

操作：小组交流和分享：自我欣赏盾牌后，在小组内介绍自己的盾牌。鼓励学生正向评价自我和他人，激发学生的内在动力，努力克服自卑，增强自信心。

指导老师随机（或自愿）抽取几份答案请学员进行团体分享。

指导老师总结：自信的力量和追求成功的信念尤为重要。每个人都有自己的特质，正确认识自己并以积极的心态面对未来，才能信心满满地完成大学学业，迎接未来的美好生活。

第五章　高校困境应对心理教育团辅活动设计

第一节　大学生时间管理团辅活动设计

一、团体辅导设计理论

随着生活节奏的加快和就业压力的加大，时间管理对大学生的学习生活和身心健康起着越来越重要的作用。时间管理与大学生的学习成绩、主观幸福感、成就动机及焦虑和适应性密切相关。因此，大学生的时间管理对于提升自我管理水平、促进心理健康具有重要作用，一定程度上决定个体的综合素质。当前，多数大学生，尤其是低年级学生对时间的安排感到无所适从，如何正确利用时间、管理时间已成为大学生最关注的话题之一。

通过时间管理主题的团体辅导，成员不仅可以获得多样化资源，而且行为还能得到及时反馈，同时，团体承诺的作用会增强行为改变的动机。与其他训练方法比较，团体辅导有利于成员掌握更加有效的时间管理技能，提高自己的时间管理水平，养成良好行为习惯，改善学习和生活质量。

（一）6点优先工作制

该方法是效率大师艾维·莱德拜特·李向美国一家钢铁公司提供咨询时提出的，它使这家公司用了5年的时间，从濒临破产到一跃成为当时全美最大的私营钢铁企业，艾维·李因此获得了2.5万美元咨询费，故管理界将该方法喻为“价值2.5万美元的时间管理方法”。

这一方法要求把每天所要做的事情按重要性排序，分别从“1”到“6”标出6件最重要的事情。每天一开始，先全力以赴做好标号为“1”的事情，直到它被完成或被完全准备好，然后再全力以赴地做标号为“2”的事，以此类推……

艾维·李认为，一般情况下，如果一个人每天都能全力以赴地完成6件最重要的事情，那么他一定是一位高效率的人士。

（二）帕累托原则（又名80/20法则）

帕累托原则又名二八定律，这是由19世纪意大利经济学家维尔弗雷多·帕累托提出的。其核心内容是生活中80%的结果几乎源于20%的活动。比如，总是那些20%的客户给你带来了80%的业绩，可能创造了80%的利润；世界上80%的财富是被20%的人掌握着，世界上80%的人只分享了20%的财富，因此，要把注意力放在20%的关键事情上。

根据这一原则，我们应当对要做的事情分轻重缓急，进行如下的排序。

重要且紧急（如救火、抢险等）——必须立刻做。

重要但不紧急（如学习、做计划、与人谈心、体检等）——只要没有前一类事的压力，应该当成紧急的事去做，而不是拖延。

紧急但不重要（如有人因为打麻将“三缺一”而紧急约你、有人突然打电话请吃饭等）——只有在优先考虑了重要的事情后，再来考虑这类事。人们常犯的毛病是把“紧急”当成优先原则，而不是把“重要”当成优先原则。其实，许多看似很紧急的事，拖一拖，甚至不办，也无关大局。

既不紧急也不重要（比如娱乐、消遣等）——有闲功夫再说。

（三）麦肯锡30秒电梯理论

麦肯锡公司曾经得到过一次沉痛的教训：该公司曾经为一家重要的

客户做咨询。咨询结束的时候，麦肯锡公司的项目负责人在电梯间里遇见了对方的董事长，该董事长问他："你能不能说一下现在的结果呢？"由于该项目负责人没有准备，而且即使有准备也无法在电梯从30层到1层运行的30秒钟内把结果说清楚。最终，麦肯锡公司失去了这一重要的客户。从此，麦肯锡公司要求公司员工凡事要在最短的时间内把结果表达清楚，凡事要直奔主题、直奔结果。麦肯锡公司认为，一般情况下，人们最多记得住"一二三"，记不住"四五六"，所以凡事要归纳在三条以内。这就是如今在商界流传甚广的"30秒电梯理论"或称"电梯演讲"。

（四）办公室美学

秩序是一种美。均匀、对称、平衡和整齐的事物能给人一种美感。简洁就是速度，条理就是效率。简洁和条理也是一种美，是一种办公室的美学、工作的美学。

我们应当养成如下良好习惯：物以类聚，东西用毕物归原处，不乱放东西；把整理好的东西编上号，贴上标签，做好登记；好记性不如烂笔头，要勤于记录。

处理文件的三个环节：第一，迅速回复。第二，迅速归档，以免文件弄乱或弄丢。第三，及时销毁。没用的文件要及时处理掉，以免继续浪费空间和时间。

（五）莫法特休息法

《圣经·新约》的翻译者詹姆斯·莫法特的书房里有三张桌子：第一张摆着他正在翻译的《圣经·新约》译稿；第二张摆的是他一篇论文的原稿；第三张摆的是他正在写的一篇侦探小说。

莫法特的休息方法就是从一张书桌搬到另一张书桌，继续工作。

"间作套种"是农业上常用的一种科学种田的方法。人们在实践中发现，连续几季都种相同的作物，土壤的肥力就会下降很多，因为同一种作物吸收的是同一类养分，长此以往，地力就会枯竭。人的脑力和体力也是这样，如果长时间持续同一项工作内容，就会产生疲劳，活动能力下降。如果这时改变工作内容，就会产生新的优势兴奋灶，而原来的兴奋灶则得到抑制，这样人的脑力和体力就可以得到有效的调剂和放松。

二、团体辅导设计方案

团体目标：通过团体辅导，对成员开展时间价值观教育，探索改善时间管理的途径和方法，协助成员优化时间管理能力，学会合理安排时间，规划和适应大学生活，将大学学业规划至每学期、每个月甚至每一天。

团体对象：在校大学生。希望主动驾驭时间、养成良好的时间管理习惯、提高学习效率、更好地规划大学生活的学员。

团体时间及次数：团体辅导五次，每周一次，每次时间为90—120分钟。

招募方式及人数：利用海报、传单或校园媒体平台宣传招募。团体人数为16—24人。

团体领导者：指导老师一名、协助者一名。

三、团体辅导模块

（一）模块一：认识你我他——团队初建

总目标：促进成员相互认识，初步形成彼此关注的情感；协助成员了解团队性质和课程的目标，形成团体名称，拟定团体规范，建立共识和默契。

主题活动：循环自我介绍；时间成语；签订契约。

时间：60—90分钟。

1.循环自我介绍

目的：采取随机的方式，让学员互相了解，初步形成团体，培养团队内部的默契度和集体荣誉感，营造欢乐的活动氛围。

时间：25分钟。

准备：桌椅。

操作：指导老师先让团体成员在房间里自由漫步（让成员自然相遇），见到其他成员微笑并握手，鼓励成员尽可能多地与其他人握手。当指导老师说“停”时，每个成员面对或正在握手的人就成了朋友，两人一组，面对面做自我介绍。介绍的内容包括姓名、班级、性格特点、个人兴趣爱好以及个人愿意让对方了解的自我资料。当对方自我介绍时，倾听者要全身心地投入，通过语言与非语言的观察，尽可能多地了解对方。

刚才自我介绍的两个组合并，形成4人一组，每位成员将自己刚认识的朋友向另外两位新朋友介绍，然后4人一起自由交谈3分钟。

两个4人小组合并，8人围圈而坐。从其中一个人开始，每人用一句话介绍自己，一句话中必须包含三个内容：姓名、班级、自己与众不同的特征。规则是：当第一个人说完后，第二个人必须从第一个人开始讲起，第三个人一直到第八个人都必须从第一个人开始讲起，这样做使全组注意力集中，有协助他人表达完整正确的倾向。而且在多次重复中，就会不知不觉地记住了他人的信息。

2.时间成语

目的：营造温暖、安全的团体心理氛围，使学员放松身心，集中注意力，聚焦辅导主题。

时间：15分钟。

准备：白板笔、A4纸。

操作：各小组给自己的小组起名，要求名称是一个与时间有关的成语，如“光阴似箭”“闻鸡起舞”“一寸光阴一寸金”“分秒必争”等。

各小组以自己的名称为主题，全体成员用动作展示此成语的含义，并大声喊出小组名称，如：“我们是‘只争朝夕’小组。”

指导老师对各组的名字进行简单点评，以接纳的态度欣赏学员的创意。促使学员学会欣赏、接纳他人，以积极健康的心态融入团体辅导。

3.签订契约

目的：形成成员对规范的共识，明确团队期望。

时间：15分钟。

准备：白板、白板笔、水笔、团体契约。

操作：小组讨论：参加此次团体辅导应该遵守哪些规则，各组选派一位学员报告讨论结果，并说明对团体辅导的期待。

指导老师总结团体成员期望，带领大家学习团体契约。现场签订团体契约，请一名学员将签名后的团体契约贴在活动室墙上。

（二）模块二：一寸光阴一寸金——活动价值澄清

总目标：通过时间管理主题活动，帮助成员自我探索，感受到时间对人生发展的重要意义，从而产生对时间的紧迫感，懂得珍惜时间。体会如何有效利用时间，在有效的时间单位里创造更多的价值；通过讨论，促进学员间的相互学习，学习他人如何利用时间的技巧，利用集体智慧寻找更好的时间利用方式。

主题活动：感受一分钟；撕纸人生；时间圆饼图。

时间：90—120分钟。

1.感受一分钟

目的：让学员意识到生命是由一分一秒的时间组成的，要珍惜时间。

时间：25分钟。

准备：A4纸、水笔。

操作：让学员用手击掌，注意记下击掌次数，一分钟后让学员报数。允许学员做短暂的讨论。当学员讨论气氛有热烈趋向时暂停讨论。导入以下故事。

有一位记者去采访某位成功人士，成功人士打开门后对记者说：“先生，我只能给您一分钟时间。”这时，记者看到了成功人士身后奇乱无比的客厅，茶几上满是烟蒂、装有剩饭的饭盒，地上也堆满了书籍、碟片。记者说：“先生，我是想采访您成功的经验，可是一分钟时间不够干任何事情啊！”成功人士说：“噢，这个问题啊，那一分钟后，我来回答你。”于是成功人士回到房间里并且关上了门，一分钟后，成功人士重新打开门，指着整洁一新的客厅看看表，对记者说：“看，一分钟刚好，这就是我成功的经验。”

分组讨论：提出问题：“大家听到这个故事有何感想？你们觉得一分钟可以干些什么呢？”（如眨60次眼、喝一杯水）

大组分享交流：每组推荐一名学员参与交流分享。请指导老师注意引导，关注学员们的新奇想法。

指导老师对导入故事进行简单总结：通过今天的活动，我们应该意识到一个一分钟是干不了什么大事，但很多学员以前浪费掉的时间可远不止一个一分钟，把这些时间积累起来就是我们平时总也寻找不到的大块时间啊！所以，今后应该从行动上做到珍惜每一分钟。

2.撕纸人生

目的：引导成员对时间这一概念有直接、感性的认识，体验时间的珍贵。

时间：30分钟。

准备：A4纸、笔。

操作：假如现在你个人的生命处于0—100岁之间，接下来我们来玩一个游戏。请准备一张长条纸，用笔将它划成10份（中间部分刚好每两列一份，代表生命中的10年，分别写上10、20等数字，最左边的空余部分写上“生”字，最右边的空余部分写上“死”字）。

给大家出几个问题，请大家按要求去做。

第一个问题：请问你现在多少岁？过去的生命是再也回不来了！把相应的部分从前面撕掉，请彻底撕干净！

第二个问题：请问你想活到多少岁？（如果活不到100岁的话就从后面把那部分撕掉）

第三个问题：请问你想多少岁退休？（请把相应的退休以后的部分从后面撕下来，不用撕碎，放在桌子上）纸条就剩这么长了，这是你可以用来工作的时间。

第四个问题：请问一天24小时你会如何分配？一般人通常是睡觉8小时，占了1/3，吃饭、休息、聊天、游玩等又占了1/3，其实真正可以工作的时间约8小时，只剩1/3。所以，请将剩下来的折成三等份，并把2/3撕下来，放在桌子上。

第五个问题：比比看。请用左手拿起剩下的1/3，用右手把退休那一段和刚才撕下的2/3加在一起，并请思考一下，你要用左手的1/3工作赚钱，提供自己另外2/3的吃喝玩乐及退休后的生活。

第六个问题：想一想。你要赚多少钱、存多少钱才能养活自己，这还不包括给父母、子女、配偶的哦！

第七个问题：请问你现在有何感想？

第八个问题：请问你会如何看待你的未来？

指导老师总结时间的重要性以及职业对人生的重要性。

3.时间圆饼图

目的：促进成员反思自己时间安排的合理性，培养成员自我管理能力，提高学习效率。

时间：20分钟。

准备：彩笔、A4纸。

操作：指导老师导入：我们每个人都拥有一天24小时，你如何分配这24小时，如何有效地利用这24小时？多少时间是你自己能够掌控的，多少时间你无法控制的？如何选择优先要做的重要事情，你能够把它完成吗？现在我们来制作自己的“时间馅饼”。

协助者发给学员每人一张白纸，让其在纸上画一个圆，并根据自己的实际情况将圆分成24小时的作息表。让大家回忆过去的24小时发生的事情，要求尽量详细地回忆，并把这些事情记录在相应的时间段内。

同时，将不可改变的时间涂上阴影，可以改变的部分留白。

与小组成员交换“馅饼”，看看别人制作的“馅饼”与自己的有什么不同。然后讨论如下问题：你一天的时间够用吗？哪些事情使用了较多的时间？哪些事情被忽略了？是否需要对你的“馅饼”分割作重新调整？调整的原因是什么？

小组成员一起制作小组“理想馅饼”，然后小组长代表小组在团体中展示自己小组的“理想馅饼”。

注意事项：画“馅饼”是一个思考的过程。指导老师应根据学员的不同情况提出讨论主题，如针对浪费时间的学员，引导他们讨论如何让时间使用得更合理、更有意义；针对没有计划的学员，引导他们讨论与思考如何有计划地生活。所谓的“理想馅饼”，是指大家公认的一天中的大部分时间应该用于何处。小组在讨论中应当考虑，如何调整自己的不合理时间安排，学会有计划地生活，学会规划自己、管理自己。

（三）模块三：我待我时——学会规划时间

总目标：帮助成员科学设立并完善自己的时间管理目标，洞察时间管理中的阻碍因素，学会排除外界干扰，明确自己应该把时间用在哪些地方，合理安排时间。

主题活动：按图索骥；目标设置的SMART法则；分身无术怎么办；拖延行为自查；家庭作业。

时间：90—120分钟。

1.按图索骥

目的：加强成员相互交流，促进信任和团结。

时间：15分钟。

准备：对号入座卡片。

操作：团体领导者事先准备好对号入座卡片，描述的内容可以很抽象，也可以很具体，有的卡片可以对应很多人，有的卡片可以只对应一个人。

让成员随机抽取卡片，根据卡片的描述寻找相应的人。

2. 目标设置的SMART法则

目的：通过小组讨论让学员发现自己在计划制订中存在的问题，并引出目标制订SMART原则。

时间：30分钟。

准备：计时工具、A4纸和笔。

操作：指导老师导入：计划无法顺利执行往往在于制订的目标缺乏合理性。明确的目标是做好时间管理的基础。了解自己的价值观对于制订自己的长期、短期目标都具有非常重要的意义。大家在制订目标时应该遵循以下几个原则：具体、可衡量、可达到、相关、时间限制。

成员在团体中寻找学习目标类似的伙伴，两人一组对照自己的时间日志进行讨论。每个成员针对自己学习计划督查表上的某一个目标进行目标设置练习，并与配对的成员讨论目标设置是否合理。

配对的成员分别向对方承诺，在接下来一周中将相互监督，每天报告学习计划，交流学习成果。

3. 分身无术怎么办

目的：帮助成员分清主次，学会科学合理安排时间，充分掌握利用时间的技巧。

时间：40分钟。

准备：A4纸、水笔、白板、白板笔。

操作：指导老师导入案例：小C是班级的学习委员，又是校学员会的干部，还是文学社的骨干，平时总是需要面对许多的学习与工作任务。一天清晨，小C刚走进校门，便碰到几个邻班的好朋友，他们对小C说："今天吃完午饭12：15，我们一起去图书馆看体育杂志啊！"步入教室后，小C看到黑板上写着"今天中午12：20—13：10学校进行英语百词竞赛"，他这才想起自己是班里推荐的十位参赛选手之一。这时，一个学员会的干部找来说："小C，团委王老师让你今天中午12：30召集大一年级全体学习委员开会，商量明天演讲比赛的事情。”刚坐到位子上，大二文学社的社长跑进来对他说：“今天中午12：35我们文学社成员碰个头，商量一下周六外出采访的事，你有主要采访任务。”社长刚走，物理老师走进教室，对同学们说：“今天中午12：25我们集中讲一下上节课的作业，错的很多，只有小C等几个同学做得不错。”

信息提炼：今天中午要做的事情有：12：15看体育杂志；12：20学校英语百词竞赛，自己是班级十位推荐选手之一；12：25物理作业讲评，自己做得不错；12：30召集学习委员开会，关于明天演讲比赛；12：35文学社商量周六采访事情，有主要任务。

指导老师提出问题：如果你是小C，你将选择去做哪件事情呢，为什么？根据学员回答，追问那么其他的事情怎么办呢？有什么办法可以把这五件事情中的内容都安排好吗？学员讨论并分享。指导老师总结引导。

4.拖延行为自查

目的：促进自我了解，认识导致学业和工作拖延的原因。

时间：30分钟。

准备：大学生拖延量表、素材《六招终结拖延行为》。

操作：填写拖延量表，根据实际情况判断15个句子，符合自身情况的记1分，不符合的记0分。

测验结果分析：

0—4分：轻度拖延。还在可控范围，但是要当心了！快点找到原因，将拖延症扼杀在萌芽中。

5—11分：中度拖延。拖延可能已经成为你的一种习惯，改变要从现在做起。马上制订“摆拖”计划，严格执行吧！

12—15分：重度拖延。建议向专业机构求助，重新审视和自我定位，改变需要大量的毅力和耐力！仅凭自身力量已经不足够，请家人协助督促会有更好的效果。

小组讨论：协助者给每个小组提供一份素材《六招终结拖延行为》，根据测试结果，讨论如何终结拖延行为。

5.家庭作业

自己在时间管理上除了拖延还存在哪些干扰因素？

第二节　大学生学习能力团辅活动设计

一、团体辅导设计理论

社会学习理论的创始人班杜拉从社会学习的观点出发，在1982年提出了自我效能理论，用以解释在特殊情景下动机产生的原因。自我效能感是个人对自己完成某方面工作能力的主观评估，评估的结果将直接影响到一个人的行为动机。

班杜拉认为，人类的行为不仅受行为结果的影响，而且受通过人的认知形成的对自我行为能力与行为结果的期望的影响。他发现，即使个体知道某种行为会导致何种结果，但也不一定从事这种行为或开展某项活动，而是先要推测一下自己行不行、有没有实施这一行为的能力与信心，这种推测和估计的过程，实际上就是自我效能的表现。所以，人的行为既受结果期望的影响，更受自我效能期望的左右，自我效能是人类行为的决定性因素。通过区别效能期望和结果期望，班杜拉创造了自我效能概念。结果期望属于传统期望的概念范畴，是人们对自己的某一行为会导致什么样结果的推测；而效能期望则是个体对自己实施某一行为的能力的主观判断，即对自身行为能力的推测。

（一）自我效能的功能

自我效能的功能主要是调节和控制行为，并通过行为调控影响行为结果。自我效能对行为的调控主要表现在以下方面。

1.影响人们对行为的选择与行为坚持性

自我效能感高的人，常常倾向于选择适合于自己能力水平又富有挑战性的任务；而自我效能感低的人却恰恰相反。一个人在某一方面的自我效能感越强，预测到的成功可能性越大，他就越会努力尝试去从事这些方面的活动，新行为持续的时间也越长；反之，就会逃避那些自己认为不能胜任的活动，行为的坚持性也就越差。

2.影响人们的努力程度和对困难的态度

态度是人们对事物所持的一种肯定或否定的心理倾向。作为实施行为的心理准备状态，它支配着人们在实施行为过程中的记忆、判断、思考与选择。

具有高度自我效能感的人，多富有自信，勇于面对困难和挑战，相信自己可以通过努力克服困难，因此，会竭力去追寻和实现自己的目标；相反，自我效能感水平低的人，则会因为怀疑自己的能力而在困难面前犹豫不决、不知所措，甚至对能够行使的行为和完成的任务也不敢问津。

3.影响人们的思维方式和行为效率

研究发现，自我效能感水平低的人，总是担心自己会失败，把思想纠缠在个人缺陷和潜在困难上，导致紧张、自卑、注意力涣散、记忆力下降，甚至产生无助和无所适从感，从而影响他们采取行动以及新行为的形成和习得行为的表现，导致行为能力和行为效率低下；相反，有强烈自我效能感的人把注意力集中在积极分析问题和解决困难上，他们知难而上、执着追求，在困难面前常常使得自己的思维与解决问题能力得以超常发挥，表现出优质的行为能力和行为效率。

4.影响人们的归因方式

归因是个体解释和预测他人和自己行为结果的原因。据美国心理学家伯纳德·韦纳的研究，人们通常把成败结果归因于努力、能力、运气和任务难度等四大因素。自我效能感高的人，常常把失败归因于自己努力不够；而自我效能感低的人，却往往将失败归因于自己能力不足、天资不够。

（二）自我效能的影响因素

班杜拉通过大量研究发现，自我效能感的形成与变化受以下四种信息源的影响，它们分别传递着一定的效能信息，影响人的效能水平。

1. 直接性经验

直接经验，如行为成败经验，来自个人的亲身体验，对自我效能影响力度最大。成功的经验可提高个体的自我效能感，失败的经验则会降低个体的自我效能感，而不断的成功与失败会使人建立起或高或低的稳固的自我效能感，使之不会因一时的成功而提高，也不因一时的挫折而降低，而且还会泛化到类似的情景中去。

2. 替代性经验

这是人们通过观察他人的行为而获得的间接经验。人类的许多效能信息都是从替代性经验中获得的。一个护士学生看到某个和自己水平差不多的学生完成了某项操作，会认为自己也能完成同样的操作，从而增强自我效能感；反之，目睹同伴的失败，又会降低其自我效能感，觉得自己也可能失败。替代性经验对自我效能感影响的关键之一是学习者与被观察者的一致性问题。通常，学习者是通过与被观察者的比较来评价自身效能的。

3. 言语劝说

指凭借说服性的建议、劝告、解释、引导，通过改变人们的知识与态度来改变人们自我效能的一种方法。言语劝说简便易行，然而由于没有经验基础，形成的自我效能常缺乏牢固性。

4. 其他因素

班杜拉在其“脱敏”研究中发现，心理状态是影响自我效能的重要因素之一。成功的喜悦、失败的悲伤都会导致个体自我效能感发生变化。平和、中等强度的情绪有助于自我效能的形成，而过度强烈的情绪会削弱自我效能的功效发挥。另外，个人性格、自控能力与类型、拥有的知识和技能、自尊水平、自信心、意志力、环境、他人的期望与支持等也可影响个体的自我效能。一般来说，自信、自尊以及内控型的人自我效能感水平较高；气氛融洽、环境愉悦可促进个体自我效能的建立与发挥。

学习能力是伴随人们始终的一种能力，也是人们社会性发展的决定性因素。它是衡量个人综合素质的标尺，也是衡量个人社会竞争能力强弱的标准。因此，学习能力的构建在个人发展的过程中至关重要。大学生学习能力是指大学生围绕一个学习目标，在实践中综合驾驭各种学习方法和手段，深化和完善对现实世界的认识，掌握新知识，并能学为所用，从而影响和推动社会发展的能力。它是大学生能力中最根本、最核心的能力。大学是保障学生全面发展和个人能力提升的重要机构，其在对大学生进行教育的过程中必须重视大学生学习能力培养，从而从根本上为大学生的全面发展和个人能力的提升奠定基础，提升大学生个人综合素质和社会竞争力。

然而，由于受到中学阶段学习动机、学习模式和方法的影响，很大一部分学生进入大学后仍是采用以往被动学习的方式。由于高等教育改革中缺少对大学生学习观念的更新、学习方法培养以及大学生自我认知能力较弱，导致较多大学生学习能力不强，亟待提高。

在本主题团体辅导中，以学生为主体的指导思想贯穿整个活动始终，参加成员年龄接近，处于相近年级，都曾面临过类似问题，成员之间容易引起共鸣。通过同辈引导、交流、体验等方式充分调动学生的积极性、主动性，使学生在轻松愉悦的氛围中激发自我，确立合理的学习目标，增强学习效能，提升学习能力。

二、团体辅导设计方案

团体目标：协助团体成员建立合理的学习目标，激发学习动机，提升学习能力；了解目标培养、动机激发、学习效能对学习能力的影响；

认识和掌握确定目标、培养学习动机和增强学习自我效能感的方法，提高学习效率，自觉促进自身发展。

团体对象：在校大学生。希望确立大学阶段目标、积极提升学习能力、积极规划未来的学生。

团体时间及次数：团体辅导五次，每周一次，每次时间为90—120分钟。

招募方式及人数：利用海报、传单或校园媒体平台宣传招募。团体人数为16—24人。

团体领导者：指导老师一名、协助者一名。

三、团体辅导模块

（一）模块一：初次相识——建立团队

总目标：引发个人参与团体的兴趣；主动介绍自己与别人相识；介绍课程总体目标和开展方式；表达对课程的期望；共同签订团体规范。

主题活动：破冰游戏：一块钱，两块钱；形成团队：三个“最”；签订团体契约；总结。

时间：70—80分钟。

1.破冰游戏：一块钱，两块钱

目的：热身，让所有学员放松，并以愉快的心情参与活动，加强熟悉和了解。

时间：15分钟。

操作：根据男女学员不同比例划为，如男生比例小于女生的话，女生就当“两块钱”，而男生则是“一块钱”；如果女生比例小于男生的话，女生就当“一块钱”，而男生则是“两块钱”。

根据指导者说的钱数，所有学员组成相应的数字，没按要求组成数字的，均被淘汰。比如，指导者喊9块钱，所有学员就组成一个小组，这个小组所有人的面值加起来应该是9块钱，没有组成小组的学员将被淘汰。

剩下的人继续组合，直到剩4—5人为止。游戏结束，可以给剩下来的人颁发奖品。

2. 形成团队：三个“最”

目的：让学员互相认识、熟悉，建立信任，促进团队形成。

时间：30分钟。

准备：胸卡、笔。

操作：每位成员写胸卡，注明姓名、年级、专业。佩戴胸卡，形成团队小组。请全体成员站成一圈，按照1、2、3、4报数，所有报1的为第一组，依次为第二、第三、第四组。人数少的时候可以分为两组或者三组，一般6—8人为一组。

固定小组内成员轮流介绍自己学习和生活中的三个“最”，即最高兴的事、最烦恼的事和最喜欢的人。

请每个小组选派一位代表将自己小组介绍给大家。

3. 签订团体契约

目的：形成每位团体成员对规范的共识，并签订团体契约，保证团队活动的顺利进行。

时间：25分钟。

准备：大白板、白板笔、钢笔、团体契约。

小组讨论：参加团体辅导应该遵守哪些规则，各组派一个人报告讨论结果。

指导老师将所有讨论结果汇总。将汇总结果反馈给每个成员，最终定稿形成团队的活动契约。指导老师带领大家学习团体契约。

现场请每位成员在团体契约上签字。请一名学生将签名后的团体契约贴在活动室墙上。

4. 总结

时间：10分钟。

操作：指导者欢迎每位成员参加团体，并简要介绍团体目标和开展方式。发放团体辅导成员名册给每位成员。

（二）模块二：制订合理的学习目标——目标培养

总目标：引导学生确立合理的学习目标，制订自我行动计划，提高决策效率。

主题活动：穿越火线；实现迷你目标；学习目标设定训练；成果和分享；总结。

时间：80—90分钟。

1.穿越火线

目的：增加彼此的熟悉程度，活跃团体气氛，引出目标的重要性。

时间：15分钟。

准备：长绳（两根）。

操作：请成员以小组为单位，每组成员并排站好，指导老师和协助员拉起两根离地1米的绳子。指导老师讲解游戏规则：绳子代表生死线，每组组员手拉手，可以用任何姿势穿过绳子，但每个人的任一部位都不可触碰到绳子，触绳者全部组员重新过线。

游戏开始前，每组各给3分钟时间进行讨论，采用何种方式能又好又快地达到目标。

符合规则全部通过且用时最短的一组获胜，进行奖励。

活动结束后，请1—2名成员分享：穿越之前你在想什么？围绕目标你们小组采取了哪些方法？成功了吗？

指导老师引导成员思考明确目标的重要性，职业目标的形成过程和影响因素，对职业目标和专业关联性进行思考。

2.实现迷你目标

目的：掌握目标管理的SMART原则，学会制订合理的、可实现的目标。

时间：25分钟。

准备：白板、白板笔、卡片、磁铁。

操作：指导老师问学员一个问题："目标是什么?"鼓励多个学生将答案写在卡片上，并用磁铁粘在白板上。指导老师把目标五要素写在白板上，并针对每个字母含义进行详细解读。

让每个成员取一张卡片，并将自己的名字写在卡片左上角。要求他们在卡片上写下一个迷你目标，即他们认为可以在两分钟内、在教室里实现的目标。这个目标应满足前面对有效目标的五个规定。将那些写好的卡片固定在白板上。

在指导老师发出信号后，让每个成员想办法在规定的两分钟时间内依次完成他们的目标。

活动结束后，指导老师针对部分成员的表现进行点评和讲解。过程中让成员再次检查是否所有执行的迷你目标都符合五项规定，并强调存在无法预料的障碍，从而需要将延误和重复尝试或制订其他实现目标的措施考虑进去。

3.学习目标设定训练

目的：让每个成员认识到在人生的不同阶段设定不同学习目标的必要性和重要性；设定并写出大学阶段个人的短期、中期和长期学习目标，并对个人目标的障碍与克服障碍的必要性做出评价。

时间：30分钟。

准备：学习目标设定训练表。

操作：指导老师引导学生进行学习目标设定，并明确每个阶段的学习目标和步骤。发放学习目标设定训练表，请同学们填写。

4.成果和分享

时间：15分钟。

操作：小组交流：小组成员交流个人各阶段学习目标设定的情况以及会存在哪些障碍，如何克服。每组派代表交流分享本组的体会。指导老师引导学生了解大学阶段学习目标设定的原则及步骤。

5.总结

合理设定大学期间的学习目标是每位学生必须思考的问题。每组的分享促使我们对学习目标的原则、目标实现的行动内容、必需资源和期限有了明确的认知，启发每位学生思考如何设定个人的大学学习目标。明晰自己的学习目标是我们高质量完成大学学业的第一步。

（三）模块三：我爱学习——激发动机

总目标：引导学生敞开心扉，接纳学习；洞察提升学习兴趣的通道；展望学习对自己的现实意义。

主题活动：检查内部学习动机；分享名人故事；漫想5年、10年、15年后的自己；总结。

时间：60—90分钟。

1.检查内部学习动机

目的：让学生了解自己目前的学习兴趣，进而为培养学生的内部动机做准备。

时间：30分钟。

准备：白纸、笔、学习兴趣调查表。

操作：协助者发放学习兴趣调查表。指导老师请学员填写。各小组成员逐个分享自己填写的内容，选出一个代表小结本组答案，与全体学生分享。指导老师引导、补充、总结（对于学生讨论中没有涉及的问题，指导老师可在小结过程中提出）。

2.分享名人故事

目的：通过分享有关名人学习兴趣的故事，让学生意识到学习兴趣的重要性；引导学生找出培养自己学习兴趣的方法，培养学生内部学习动机。

时间：20分钟。

准备：上次团体辅导布置的家庭作业。

操作：各小组成员之间相互分享伟人、名人培养学习兴趣的故事或者因为兴趣而刻苦读书最终成功的故事。

各小组推荐1—2名代表，分享自己小组的故事。

由各个小组推荐一名代表组成评价小组，对每组推荐代表的表现进行打分，对优胜组进行小奖励。

3.漫想5年、10年、15年后的自己

目的：通过让学生畅想美好未来，发现未来的积极面，从而激发学生的外部学习动机。

时间：30分钟。

操作：指导老师："请大家找一个舒适的坐姿，闭上眼睛，身体放松，情绪放松，静下心来，平稳呼吸。我会带着大家进入一个心灵的历程，当你遇见未来的那个你的时候，请你好好地享受那种感觉，同时在心里面默默地描绘。每一个人都从过去走到现在，又从现在走向将来。大家在自己的生活道路上前进，前进。看到了一些你曾经向往的事情变成了现实。"

"时间在慢慢地流逝，5年了，你看到了5年之后的自己，你在做什么？"（稍作停顿）

"时间在慢慢地流逝，10年了，你看到了10年之后的自己，你又在哪里？从事什么职业？"（稍作停顿）

"我们继续前进，时间不断地流逝。15年了，这时，我们又看到15年之后的自己，身体是否健康？工作是否取得成绩？少年时的梦想是否实现？"（停顿一会儿）

"大家慢慢地睁开眼睛，回到现实。"（指导者在讲导语时，要做到声音低沉、平稳、缓慢，留有空间，令人产生联想）

以小组为单位，交流分享"看未来"的经历。交流时可提出这些问题：看到自己的将来了吗？5年后、10年后、15年后的自己是什么样子，自己看见了什么？如没看见，想一想，为什么看不见？

每个小组推荐一位成员分享自己或者小组其他人的“看未来”经历。指导者对大家的分享进行小结，通过规划、想象未来，激发外部学习动机，从而提升学习动力。

4.总结

引导学生寻找学习兴趣，激发内部学习动机。引导学生通过畅想美好未来，激发外部学习动机。将内部学习动机与外部学习动机相结合，促使学生接纳学习，提高学习效果。

（四）模块四：我会学习——提升学习能力

总目标：使学生认识自己的学习风格，了解大脑活动功能，运用遗忘曲线和思维导图有效指导并帮助提升学习能力。

主题活动：情景剧：考试的前一周；学习压力与学习效率的曲线关系；认识脑的奥秘；遗忘的规律；绘制思维导图；成果和分享；总结。

时间：90—100分钟。

1.情景剧：考试的前一周

目的：引导学生充分认识自己擅长的学习风格，保持适当的学习压力。

时间：20分钟。

准备：卡片纸、笔。

操作：协助者在三张纸片上分别写上三种不同的学习压力状态：没有学习压力、适当（一定）的学习压力、压力非常大。将其做成三个签。每个小组派一个代表抽签，根据抽到签的纸片上的描述来表演在不同的压力下所展现的考试前一周的学习状态。

成员讨论：在所有学习状态中，哪种压力所面对的学习状态是最好的？为什么？

2.学习压力与学习效率的曲线关系

时间：15分钟。

操作：请每组派一名代表对每组讨论的情况进行分享，让大家了解压力与学习状态的关系。

指导老师总结：引出学习状态对学习效果的重要性，讲解学习压力和学习效率的关系是倒“U”形曲线。指导老师结合学生实际举出实例，增强学生理解学习压力与学习效率的关系。

3.认识脑的奥秘

目的：帮助成员全面认识大脑的活动功能，掌握并运用遗忘规律。

时间：15分钟。

操作：指导老师讲解关于大脑的常见知识。请成员代表回答以下问题。

有人说脑细胞越用越少，这种说法可信吗？大脑需要哪些养料？大脑在每天的每个时间段都是很活跃的吗？为什么我们学过的知识很快就忘记了？怎样才能“过目不忘”？

指导老师针对成员代表的答案进行补充讲解。

4.遗忘的规律

时间：10分钟。

操作：指导老师讲解艾宾浩斯遗忘曲线。

引导学生应用艾宾浩斯遗忘曲线指导学习，提高学习效率和能力。

5.绘制思维导图

目的：了解并绘制思维导图，协助学生利用记忆、阅读、思维的规律，挖掘大脑潜能，提升学习能力。

时间：20分钟。

准备：大白纸、水性笔、彩色笔。

操作：指导老师讲解思维导图注意事项：①先从一张白纸的中心开始绘制，再画一些向四周放射出来的粗线条，这样可以使思维向各个方向自由发散，能更自由、更自然地表达自己。②尽量用一幅图像或图画表达你的中心思想。因为一幅图画能帮助你运用想象力。图画越有趣，越能使你全神贯注，也越能使大脑兴奋。③在绘制过程中使用颜色，因为颜色和图像一样能让你的大脑兴奋。④将中心图像和主要分支连接起来，然后把主要分支和二级分支连接起来，再把三级分支和二级分支连接起来，以此类推。用联想来扩展这幅思维导图。因为大脑是通过联想来思维的，如果把分支连接起来，会更容易理解和记住许多东西。⑤让分支自然弯曲而不是像一条直线，因为大脑会对直线感到厌烦。曲线和分支就像大树的枝杈一样更能吸引你的眼球。⑥在每条线上使用一个关键词，最好在每一个关键词旁边画一个能够代表它、解释它的图形。记住：绘制思维导图并不是一个绘画能力测验过程。⑦重画能使思维导图更简洁，有助于长期记忆——同一主题可多画几次，不会花很多时间，但你会很快把这些主题牢牢地记住。

引导学生用“大脑”作为中心词，请每个学员画一幅思维导图。

画图方法：①思维导图目的是要把握事实的精粹，方便记忆。一开始就把主题摆在中央，在纸中央写出或画出主题，要注意清晰及有强烈视觉效果。②向外扩张分支。想象用树形格式排列题目的要点，从主题的中心向外扩张。从中心将有关联的要点分支出来，主要的分支最好维持五到七个。近中央的分枝较粗，相关的主题可用箭号联结。③多使用关键的动词和名词，使用关键词表达各分支的内容。④使用符号、颜色、文字、图画和其他形象表达内容。可用不同颜色、图案、符号、数字、字形大小表示类型、次序，等等。图像愈生动活泼愈好，使用容易辨识的符号。⑤用箭头把相关的分支连起来。以立体方式思考，将彼此间的关系显示出来。

6.成果和分享

时间：15分钟。

操作：分小组讨论，让每位成员分享自己的思维导图。派代表上台分享本组的最优思维导图。

7.总结

时间：5分钟。

引导学生了解压力与学习效率的曲线关系。引导学生知晓脑的奥秘，会运用遗忘规律。会制作思维导图，利用思维导图提升学习兴趣和学习能力。

第三节 大学生生命教育团辅活动设计

一、团辅活动设计理论

近年来，随着经济的发展和社会的进步，社会育人环境发生了变化，大学生漠视生命，自杀、伤人等校园暴力事件不断发生，时代呼唤必须对大学生进行生命教育。生命既美好又脆弱，我们没有理由不怜惜自己和他人的生命。生命教育的本质在于让人们处理好人生中“生命与生活的紧张”，使人们深刻地意识到自我生命内涵的多面性、丰富性，从而能够正确地体会生命的可贵，确立生活的正确态度与目的，去追求人生的更大价值与意义，最终超越生命。

在大学生中开展生命教育可以让学生知道生命是父母赐予自己的最珍贵的礼物，增强学生的情感意识和责任意识，让学生珍惜生命、懂得感恩、学会感恩、懂得生命承载的责任。只有让大学生敢于承担生命的责任，乐观地生活，他们才会努力地学习和工作，为社会的发展贡献力量。基于以上原因，设计开展本次团体辅导活动。

（一）新精神分析学说

新精神分析学说是在学习和否定弗洛伊德精神分析学说的基础上建立起来的，他们批评弗洛伊德看不到人性积极、光辉的一面，过分强调人的生物性的决定性意义，对生命的存在意义持否定、悲观的态度。新精神分析学说强调社会、文化、个体的精神对人的成长的积极作用，相信人的生命是充满意义的。他们的观点带有明显的人本主义倾向，充满着人文关怀。

新精神分析学说的代表人物是奥地利精神病学家、医学博士阿尔弗雷德·阿德勒，著作有《生命对你意味着什么》《挑战自卑》《无意识心理学》《让生命超越平凡》等。

作为弗洛伊德的学生，他提出了与老师不同的观点，他认为“性”绝对不是产生神经症的唯一原因，他坚信生命存在与劣势抗争的“权利意志”，认为人的发展是心理上对自卑的补偿，为此人总是在不断战胜自我，不断前进发展的。他在著作《让生命超越平凡》中提到：“属于个人的意义事实上毫无意义，每个人都努力想使自己变得重要，但是人的重要性在于他对其他人所做的贡献，生命的意义在于贡献。”弗洛伊德的另一名学生——瑞士的卡尔·古斯塔夫·荣格，建立了精神分析原型理论，他在著作《未发现的自我》中强调人的责任心的重要意义和道德上的自我完善等精神因素的作用，提出“人类仅仅具有理性是不够的，没有任何东西像道德上的骄傲自满和责任心丧失那样能够对社会产生分裂作用和疏远作用了”。

在美国，新精神分析学代表人物有卡伦·霍妮和艾里希·弗洛姆。他们非常重视外部的人文环境对人的成长所产生的不可忽视的重要作用，同时也重视来自个体自身的内在精神的力量。卡伦·霍妮在她的著作《我们时代的病态人格》中指出“神经症不是偶然的个人经历产生的，而是由我们生活于其中的特定的文化处境而产生的”。她在《神经症和人的成长》中提到“进化的道德”这一概念，认为人在内心压力的作用下完全可以通过塑造自我成为完美的人，而这些都是其既定潜能的发展。艾里希·弗洛姆的著作有《人类的破坏性剖析》《生命之爱》《爱的艺术》等，其中，《人类的破坏性剖析》对人类特有的恶意侵犯、破坏性与残忍性进行心理分析，认为“这种破坏性是人类特有的，而且并不是来自本能”。他认为必须创造出适合人类健康成长的政治、社会和生活环境，这种环境的核心意义就是“将尊严还给人，把中心地位还给人，让人不再做物质文明和政治、经济等方面的奴隶”。弗洛姆《生命之爱》的第八章“人是谁”和阿德勒《生命对你意味着什么》的第一章“生命的意义”如出一辙，表现了新精神分析学家对生命的存在及其意义有着强烈的探索欲望。

（二）人本主义心理学学说

美国人本主义心理学的创始人亚伯拉罕·马斯洛既反对行为主义环境决定论，又反对精神分析的生物还原论，首次把健康优秀的人物作为心理学的研究对象，提出了“五层次需要理论”，带来了心理学界的“第三思潮”。他的主要著作有《动机与人格》《存在心理学探索》《宗教、价值观和高峰体验》《科学心理学》《人性能达的境界》等，这些著作阐述了人的现实与潜能之间的关系，宣扬人的自我认识、自我体验、自我塑造、自我锻炼、自我升华，最终实现人的自我价值。他的学说突出人的动机系统与高级需要的重要作用，重视人的个体需要和潜能发挥，强调人的价值和尊严，以促进人的充分发展为目的。

著名的英国作家柯林·威尔森出版了一本专门研究马斯洛人本主义心理学的著作——《马斯洛和后弗洛伊德主义》，其中很多论述值得我们关注和借鉴。如，“无聊削弱意志，意义激发意志”“承担的责任越大，产生的意义感就越大”“当人的意义感强时，他能保持高水平的意志力和健康状态；如果没有这种外在意义，它就会成为主观情绪的受害者”。

在教育领域中，作为美国心理学“第三思潮”的重要代表卡尔·罗杰斯“以人为中心”的理论是人本主义心理学教育观的核心和基础。罗杰斯的主要著作有《论人的形成》《存在的一种方式》《卡尔·罗杰斯论个人力量》《咨询与心理治疗》《来访者中心疗法》《成为伙伴：婚姻及其他选择》。罗杰斯对人类潜能充满乐观的态度，他强调对教育对象或来访者（心理疾病患者）无条件地尊重，以创造和谐的气氛促进人的潜能的实现或患者的成长与治愈。

总之，人本主义心理学和由此产生的教育理念，对人的尊严和价值的重视是史无前例的，对人性的自我完善和自我超越方面的研究具有突破性的成果，其中需要层次理论和自我实现理论等为我们研究生命意义教育提供了重要借鉴。

（三）存在主义心理学学说

罗洛·梅，美国人本主义心理学主要领导人，也是美国存在主义心理治疗的创立者。他将精神分析与存在主义结合起来，阐述他对人的理解。他追求的核心问题是“人是什么”，他认为人是一种具有意识、潜意识和巨大的潜能的存在，是一种能自由选择、自我决定、自我负责的存在。他探索的目的就是发现人存在的真理，探求人存在的意义，促进人们不断追求存在的价值。梅强调个人的自由选择和自由意志在人心灵中的作用，寻求与社会生活实际问题结合起来阐发人类存在的意义，其重要著作有《焦虑的意义》《爱与意志》《权利与纯真》《创造的勇气》。

维克多·弗兰克尔，奥地利精神医学家和心理医生，他将存在分析与意义治疗相结合，创立了意义分析学说，其著作有《医生与心灵：从心理治疗到意义治疗》《人对意义的寻求：意义治疗学导论》《无意义生活之痛苦：当今心理治疗方法》《意义的意志》等，这些著作介绍了意义分析学说的相关理论和对国外一些个案的研究，其中，以他在纳粹集中营的真实经历所写的阐述生命意义的著作《寻找生命的意义》的出版为标志。他成为继弗洛伊德精神分析学和阿德勒个体心理学之后维也纳的第三代心理治疗学派——意义分析学的创立者。弗兰克尔意义分析学说是我们进行生命意义教育研究的重要理论来源。

（四）马克思主义关于人的全面发展学说和人的价值理论

马克思在《关于费尔巴哈的提纲》中从实践的观点出发，提出对人的本质的论断：“人的本质并不是单个人所固有的抽象物，在其现实性上，它是一切社会关系的总和。”在《德意志意识形态》中，马克思和恩格斯从唯物史观出发，论述人的全面发展思想，其中马克思指出：

“任何人的职责、使命、任务就是全面地发展自己的一切能力。”恩格斯也指出：“每一个人都无可争辩地有权全面发展自己的才能。”马克思在《资本论》中科学论证了实现人类解放和人的全面而自由发展的条件，还指出共产主义社会是以“每个人的全面而自由的发展为基本原则的社会形式”。在《马克思恩格斯全集（第三十一卷）：经济学手稿》（1857—1858年）中，马克思根据人的发展把社会分成三种形态，其中第三种形态就是：“建立在个人的全面发展和他们的共同的社会生产能力成为他们的社会财富基础上的自由个性”。在《共产党宣言》中，马克思和恩格斯提出了“每个人的自由发展是一切人的自由发展的条件”的著名论断。由此可见，马克思主义哲学、政治经济学和科学社会主义都是以“人”为研究起点，对人的关怀贯穿始终的，核心目标最终都是为了实现人的全面发展。

尊重人、关怀人、促进人的全面发展是马克思主义思想的根本价值取向。马克思主义历史唯物史观关于人的价值理论告诉我们：人的价值是自我价值与社会价值的统一。人的自我价值只有通过人的社会价值才能表现出来，实现人的价值的唯一途径是参与社会实践。马克思主义历史唯物史观旗帜鲜明地宣扬社会本位与个性发展有机统一的集体主义，反对狭隘的极端个人主义和利己主义。总之，马克思主义认为人的价值在于为人类社会做出贡献。

二、团体辅导设计方案

团体目标：通过辅导让成员珍爱生命、感恩生命，觉察每个人独特的生命，树立正确的生命观并有意识地去规划自己的生命；培育成员健全的人格，提升生命意义和质量。

团体对象：在校大学生。愿意思考生命、思考生活，探究生命意义、挖掘生命价值的学生。

团体时间及次数：团体辅导五次，每周一次，每次时间为90—120分钟。

招募方式及人数：利用海报、传单或校园媒体平台宣传招募。团体人数为16—24人。

团体领导者：指导老师一名、协助者一名。

三、团体辅导模块

（一）模块一：相逢是首歌

总目标：促进成员在认识之初能够主动与别人接触交流，达到相互熟悉、增进了解的目的；协助成员了解自己、悦纳自己，初步了解生命存在的意义。

主题活动：拍七令；创建团队；20个“我是谁”；合唱《相逢是首歌》；签订契约。

时间：90—120分钟。

1.拍七令

目的：采取游戏的方式，让学员互相了解，营造欢乐的活动氛围。

时间：15分钟。

操作：全体成员全部参加，按照顺时针开始从1—50报数，但有人数到含有“7”的数字或“7”的倍数时，不许报数，要拍一下手掌，下一个人继续报后面的数。

如果有人报错数或拍错了，请起立，并表演一个小节目。

2.创建团队

目的：初步形成团体，培养团队内部的默契度和集体荣誉感。

时间：20分钟。

准备：A4纸、彩笔。

操作：男女生各站成一排，各从一端开始进行报数，如果想分成N组，就从1报到N，接下来再从1报到N，一直循环下去。报相同数字的学生分成一组，每一小组为一小团队。

同一小组在指定位置围坐成一圈，民主选举队长。

在队长组织下，各队起一个代表团队意愿或自我激励的队名，各队给自己的团队定一个队号。要求：朗朗上口、雄壮有力、鼓舞士气。

分享：各队选派一名代表讲述自己队名、队号的含义，并展示。

3.20个“我是谁”

目的：让学生认识自己更多不同的角色，学会悦纳自己，欣赏他人。

时间：40分钟。

准备：A4纸、笔。

操作：指导老师进行示例：①我是一个在陌生人面前很安静，在熟人面前却侃侃而谈的人。②我是一个在别人说话时懂得倾听的人。③我是一个身体健康状况一般，却坚持锻炼的人。④我是一个会给自己制订计划，并坚持去完成的人。⑤我是一个喜欢看文学书籍的人。⑥我是一个目前还不太独立，总希望能有人帮我或陪伴我的人。

请学员10分钟内在纸上写出20个“我是什么样的人”。

小组分享：通过分享，对自己有更全面的认识，从性格、爱好、现状和技术来全面表达自我。

4.合唱《相逢是首歌》

目的：通过齐唱歌曲，互相鼓励，彼此支持，感受集体的温暖。

时间：10分钟。

准备：多媒体设备、歌曲、《相逢是首歌》歌词。

操作：全体成员围圈而站，手搭在别人肩上，随着音乐轻轻摆动，跟着音乐一起唱《相逢是首歌》，用心体会感受这一刻。

歌曲结束，但是这份美好而温馨的回忆将永远留在我们心中。

5.签订契约

目的：提出团队各项活动的制度和规定，引导全体学员都能信守承诺，做一个守信的人。

时间：10分钟。

准备：A4纸、笔、生命教育团体辅导活动契约书。

操作：讨论在今后的团体活动中应该共同遵守哪些约定。发放团体契约书，每组一份，队长组织讨论团体契约书并进行修订。

现场签订修订后的团体契约，请一名成员将签名后的团体契约贴在活动室墙上。

（二）模块二：尊重生命

总目标：培养成员对生命的热爱和尊重，帮助成员认识生命的意义，积极创造生命的价值，树立正确的人生观。

主题活动：观看《生命的灵动》和《生命的诞生》视频；盲人之旅；人生曲线。

时间：60—90分钟。

1. 观看《生命的灵动》和《生命的诞生》视频

目的：了解生命的起源和其来之不易，引导学生尊重生命、爱惜生命。

时间：20分钟。

准备：多媒体课件、视频。

操作：观看《生命的灵动》和《生命的诞生》视频。

小组讨论：谈谈你对生命的认识。我们每个人都是一个鲜活的生命，我们的生命又是怎样诞生的呢？

团体分享：每小组选派一名学员分享讨论的结果。

指导老师总结：我们的生命是如此的来之不易，每位成员都应该认识到生命的独特性和丰富多彩，感受拥有健全身体的美妙。

2. 盲人之旅

目的：协助学生感悟生命存在的意义，促使学生珍惜现在的生命和健全的感官。

时间：25分钟。

准备：眼罩、棒球（可用同类球体代替）、水桶或其他容器。

操作：指导老师导入：请学员将桌椅挪到一旁，中间尽量空出大空间。每一组成一直排，如每组8人，共4组。设置出发点，在出发点放置一个水桶，请一名学员戴上眼罩向前走，同组的学员指挥被蒙眼者，经其他学员的指挥，蒙眼者拿到特定位置的棒球后，再返回出发点，并将其放置水桶内。换下一位学员戴上眼罩继续活动，如此直到8人都做完为止。

协助者在指导老师指导下示范一次。

小组竞赛：进行小组活动竞赛，测量合作完成的时间。以组内团队合作为原则，组内彼此沟通协调如何以最短的时间达到目标，进行组对组的比赛。用时最少组获胜。

团体分享：每组派一名学员分享体会和收获。

指导老师总结：在生命过程中总会有波折，对盲人来说，看不到世界万物，存在着很多不便；对你们来说，生命中肯定也会遇到一些挫折，你们是逃避还是去面对？同时，是不是更该珍惜自己的亲朋好友呢？

3.人生曲线

目的：协助成员感悟生命的意义，促使成员认识生命的价值，树立正确的人生观，采取包容的态度接纳自己的人生，发展身心合一的健全人格。

时间：30分钟。

准备：A4纸、笔、人生曲线图表。

指导老师导入：亲爱的学员，你是否也愿跟着时光的翅膀飞到过去，与过去的自己谈谈心？在发放的人生曲线图表里，请把你在不同阶段感受标出来。+3代表“非常愉快”，+2代表“很愉快”，+1代表“一点点愉快”，0代表“普普通通”，−1代表“有点不愉快”，−2代表“不愉快”，−3代表“非常不愉快”。

成员可以看看自己成长至今的生命曲线。做完这以后，请成员在每个阶段写出这个阶段重要的事件或转折点。

指导老师引领成员回忆自己生活中印象深刻的事件及对该事件的满意程度。

小组交流与分享：将自己的人生曲线介绍给他人，并了解他人的人生曲线。成员思考曾经发生的事情对自己生活的影响以及今天如何看待曾经发生的事情，然后再想象未来想要做的事情及可能发生的事情，仍然按可能愉快或不愉快放在线条的上下方，然后仔细看看你的生命线，它就是你的心灵地图。

团体分享：每组推荐一名学员介绍“我的人生曲线”，让学员结合他人的成长经历，初步认识人生历程的规律，深度感受与思考人生历程。

指导老师引导学员学会用积极的态度看待人生中的挫折，更好地面对未来。

（三）模块三：生命成长

总目标：了解父母，学会沟通，认识自己承担的家庭和社会责任。

主题活动：松鼠找家；我的家庭树；我对父母知多少；《感恩的心》手语操；家庭作业。

时间：90—120分钟。

1. 松鼠找家

目的：让成员在游戏中体验竞争和被淘汰的残酷，感受合作的力量，开拓思维方式，体验双赢的快乐。

活动时间：25分钟。

操作：参与者每三人为一组，其中两人双手举起对撑搭成一个“小木屋”，另一个人扮“小松鼠”，蹲在“小木屋”里。

根据指导老师的口令进行变化，如：

“松鼠搬家”——“小松鼠”调换到其他的“小木屋”。

"樵夫砍柴"——搭建"小木屋"的两个人分开，寻找新的"樵夫"搭建新的"小木屋"。

"森林大火"——"小松鼠"可以变成"樵夫"，"樵夫"可以变成"小松鼠"。

指导老师可以不断变化着发出口令，大家做出相应的变化。在活动一开始，安排两只无家可归的"小松鼠"充当竞争的角色，这样在变化中必然会有新的"小松鼠"或"樵夫"被淘汰出来。

回到各自小组分享活动的感悟。

注意事项：①要有足够大的活动空间，便于"小松鼠""樵夫"跑动变化。②本活动人数越多效果越好，出现无家可归的"小松鼠"和没有"小松鼠"的"小木屋"均认为是被淘汰。③主持人要关注多次被淘汰的"小松鼠"和"樵夫"，可以请他们交流被淘汰的原因及心理感受。④虽然游戏规则中要求是一间"小木屋"中住一只"小松鼠"，但如果出现了一屋住双鼠的情形，对此应该肯定、欣赏这种突破规则、开放思路的态度，提倡这种"在竞争中合作，在合作中竞争"的精神。游戏一方面让大家感受竞争的压力和残酷，另一方面也体验了温馨与快乐。

指导老师点评："松鼠找家"游戏是在快乐的笑声中进行。在激烈动荡的"森林大火"中，机灵的"小松鼠"很快找到了新的家；勤劳的"樵夫"不仅搭好了新"屋"，还热情地呼唤着"小松鼠"进"屋"，形成了和谐的"松鼠之家"。假如"小松鼠"和"樵夫"没有主动交往的意识，没有积极合作的态度，没有竞争意识，被淘汰是必然的。

2.我的家庭树

目的：引导成员积极思考自我和家庭成员的关系，培养形成对家庭亲密的归属感。

时间：25分钟。

准备：A4纸、彩笔、家庭合影。

指导老师导入：每一个人都有一个家，家庭成员之间互相关心，互相依赖。学员们有没有想过你是怎么来到这个世界上的呢？那老师呢？向学员介绍自己的父母（出示照片），父母辛苦地把我养育大，而现在的我也做了爸爸（妈妈），我的父母就成了爷爷奶奶，这就是我现在的家庭（出示照片）。我们的家就像一棵树，从根长起，不断地开枝散叶，然后长成枝繁叶茂的大树。每一个家庭都有一棵家庭树。请学员们用自己的方式去完成你的家庭树吧。

小组交流分享：让每一个学生都有机会说话，让学生说说从中想到了什么。

团体分享：每组推荐一名学员上台介绍，全班交流家庭成员之间的趣事。再选取一些家庭趣事或者有代表性的照片和学员分享，引发学生对家人的亲情感。

3.我对父母知多少

目的：测试成员对父母的了解程度，反思如果是对调测试的话，父母会表现得怎么样，从而引导学生学会感恩。

时间：15分钟。

准备：父母信息卡、A4纸和笔。

操作：指导老师导入：同学们，你们是否有一种感觉，自己长大了，爸爸妈妈不了解你们了，他们说的话太烦，很多话你们宁愿和朋友说，也不愿意和爸爸妈妈说。其实你们对父母的了解又有多少呢？让我们做一个小测试来看一下吧。

给成员5分钟的时间，让成员填写父母信息卡。

团体分享：填写结束后，按照自愿原则让几位学员分享一下他们对父母的了解。

指导老师总结：通过这个测试，相信大家也知道了自己对父母了解的程度。如果这份问卷换作你们的父母来填写关于你们的情况，相信他们知道得会更清楚。在现实生活中，你们要学会感恩，感谢父母带给你们生命，感谢他们对你们全心全意的照顾，感谢他们容忍你们的缺点和偶尔闹的小脾气。每年在父母的生日、母亲节、父亲节、感恩节等时候，大家可以选择一个小礼物或者表达一份孝心献给你们的爸爸妈妈。

4.《感恩的心》手语操

目的：帮助成员学会理解父母的良苦用心，认识自己在成长的道路上得到了父母大量的关爱和帮助，学会体会他们的谆谆教诲，激发感恩之心、感谢之情。

时间：10分钟。

准备：多媒体设备、《感恩的心》手语操音视频。

操作：投影仪播放《感恩的心》手语操。指导老师和学员集体跟学跟唱。

5.家庭作业

回家后为父母做一件事情，如刷碗、捶背、洗脚，表达对父母的谢意。下次辅导课分享感受。

（四）模块四：珍爱生命

总目标：思考自己的生命中最重要的东西是什么，让组员体验自己与他人的生命价值。通过自己的探索和与人分享，积极反馈和支持，促进成员珍爱生命，并指导自己的日常生活。

主题活动：分享感受；生命玻璃杯；临终遗命；生存选择。

时间：90—120分钟。

1.分享感受

回顾家庭作业。

时间：15分钟。

操作：每组推荐1—2名学员分享体会和感受。

2.生命玻璃杯

目的：协助成员表露自己的烦恼，互相分担与关爱，引导成员呵护自己的生命，使其坚强。

时间：25分钟。

准备：背景音乐钢琴曲《秋日私语》、A4纸、彩笔。

操作：指导老师导入："生命犹如玻璃杯，精心呵护不易碎；生命犹如玻璃杯，能盛蜜水和泪水；生命犹如玻璃杯，透明如水有言以对。那静悄悄的玻璃杯，可盛满我们的心扉，启迪我们勇敢地面对生活。"

全班每个学员画一个玻璃杯，在玻璃杯里面写上自己的烦恼，每个烦恼以一滴泪的形式呈现出来，一个玻璃杯最后可能会出现好几滴泪水（即烦恼），注意不用署名。（播放音乐）

协助者把所有的玻璃杯收上来，玻璃杯"大洗牌"后再发下去，每个人得到一张别人的玻璃杯，与小组成员一起分享并解答每个玻璃杯的烦恼。

每个小组选派一名学员上台，介绍本组得到的玻璃杯中的烦恼及解决方法，针对普遍烦恼，其他组的学员再说出他们的解决方法。

3.临终遗命

目的：引导成员认真思考自己的人生，对个人的人生价值观进行探索，抓紧时间去做自己想要做的事情，珍惜现在，热爱生活。

时间：30分钟。

操作：指导老师导入：假如由于特殊原因，我们正面对死亡，终期将至，时间只允许再做最后10件事，你会做哪10件事，并排出先后次序；然后写下遗嘱（50字以内）。

每个成员认真思索，写下自己的决定和遗嘱。

小组分享：依次说明想做哪10件事情和写遗书时的感受。通过分享和聆听，帮助团体成员对自己的人生观进行整理，也可以通过与他人的交流启发自己。

4.生存选择

目的：探讨并澄清价值观，通过交流认清生活中最有价值的东西。

时间：30分钟。

准备：白板、白板笔、A4纸和笔。

操作：指导老师导入：地球上发生了核战争，人类将要灭亡。但是，一位科学家发明了一个特别的保护装置。如果谁能够进入其中，谁就能够生存下去。现在有10个人，但是核保护装置里的水、食品和空间有限，只能容纳7个人。也就是说人类只有7个人能够活下去。请你们决定谁应该活下去，谁只能面对死亡，为什么？并排出先后次序。

小组内部交流：每位成员将自己的选择及理由记下，为了获得小组一致的意见，全组充分讨论，各抒己见，每个人可以在讨论后修正自己的意见。然后每个小组派一名代表在整个团体中介绍小组的决定及讨论情况。小组成员可保留自己的意见，到团体中再阐明。

指导老师点评：这个活动包括丰富的寓意，充分体现了每个成员的价值观，以及对未来社会的憧憬或理想。在讨论过程中了解自己的价值观及他人的价值观，并通过他人的启发，调整自己的认识，认清生活中最重要、最有意义的是什么。

（五）模块五：规划生命

总目标：帮助成员学会规划生命，明确人生发展方向，结束团体活动，充满信心地迎接明天，绽放生命的精彩。

主题活动：天生我才；十年后的自己；我的收获；合唱《怒放的生命》。

时间：90—120分钟。

1.天生我才

目的：通过练习，促进学员了解自己的长处，珍惜自己的潜能，学习自我欣赏、自我肯定，学习欣赏别人，增进自信和信任。

时间：30分钟。

准备：小组中每人一张“天生我才”练习表、一支水笔。

操作：协助者发放“天生我才”练习表。指导老师请成员填写“天生我才”练习表，然后在小组分享中大声朗读出来。

小组交流“戴高帽”活动：小组内所有成员依次对学员进行表扬，且态度要真诚，要有事实根据。

活动结束后，在团体中分享活动的感受。

指导老师总结：有的学员可能以前从来没有发现自己有这么多的优点，要学会正确地认识自己。每个人都有其长处，值得自己或他人欣赏。对于优点应欣赏、珍惜并继续发展，对于缺点应了解并克服。

2. 十年后的自己

目的：通过冥想活动，帮助大家舒缓离别情绪，规划生命之路，对自己未来的形象进行设计，绽放生命光彩。

时间：30分钟。

准备：音响、班得瑞舒缓音乐。

操作：所有成员围成一个大圈，在班得瑞音乐的背景下，闭上眼睛，舒适地坐在椅子上，反复慢慢深呼吸，放松自己身体的肌肉，直至彻底放松。

指导老师引导成员进入冥想状态：十年后的自己大概会是什么样子？什么样的工作、着装、发型、步履、讲话模式？

冥想结束，小组成员分享。

指导老师请各组代表分享自己的感受，注意与生命的未来规划展望结合起来进行思考。

3. 我的收获

目的：回顾和总结自己的团体经验与收获。

时间：20分钟。

准备：A4纸、水笔。

协助者发放纸笔。指导老师请成员在纸上写下有关团体的感受和体会。如，“在团体中我所学到的几件事”“团体中最有收获的经验是什么”“你现在对生命的认知状况如何”“怎样才能将团体中所学到的运用到日常生活中”，等等。

小组讨论交流：团体中我的收获。

成员分组交流，再到团体中分享。请全体成员填写团体辅导效果反馈调查表。

4.合唱《怒放的生命》

目的：处理离别情绪，互相鼓劲，彼此支持，圆满结束。

时间：10分钟。

操作：大家手拉手围成一圈，齐唱《怒放的生命》。

第六章　高校职业规划心理教育团辅活动设计

第一节　大学生职业生涯规划概述

一、职业生涯的含义

（一）职业生涯的内涵

“生涯”一词由来已久，“生”原意为“活着”，“涯”为“边际”。“生涯”连起来就是“一生”的意思。“职业生涯”一词是由“职业”拓展而来的，主要是指一个人一生之中的职业道路和发展途径。

尽管不同学者对职业生涯的内涵有不同的认识，但作为一种客观存在，职业生涯有其基本含义，其主要包括如下内容：一是，职业生涯是个个体的概念，是指个体的行为经历，而非群体或组织的行为经历。二是，职业生涯是个职业的概念，实质是指一个人一生之中的职业历程。三是，职业生涯是个时间的概念，意指职业生涯期。职业生涯期始于最初工作之前的专门的职业学习和训练，止于完全结束或退出职业工作。实际的职业生涯期在不同个体之间差别很大，有长有短。四是，职业生涯是个发展和动态的概念，寓意着个人具体职业内容和职位的发展和变化。职业生涯不仅表示职业工作时间的长短，而且包含着职业变更与发展的经历和过程，包括从事何种职业、职业发展的阶段、职业的转换、职务的晋升等具体内容。

（二）职业生涯分类

1. 内职业生涯

内职业生涯是指在职业发展中，通过提升自身素质与职业技能获得的个人综合职业素质的总和。它主要反映出从事职业时所具备的知识、经验、观念、心理素质、能力、内心感受等因素的组合及其变化过程。

2. 外职业生涯

外职业生涯是指在职业生涯中所经历的职业角色（职位）及获取的物质财富的总和。它主要反映出从事职业时的工作单位、工作内容、工作职务、工作环境、工作地点、工作成就、社会地位、荣誉待遇等因素的组合及其变化过程。

3. 内职业生涯和外职业生涯的关系

内职业生涯和外职业生涯两者是既相区别又相联系的辩证关系。两者的区别为以下两点。一是两者获取的途径不同。内职业生涯构成的各要素虽然可以借助外界的帮助，但主要是通过自己主观努力获得的，不随外职业生涯的获得而具备，也不会因为它的失去而自动丧失。外职业生涯的构成要素通常是由别人决定、给予和认可的。二是两者的稳定性不同。内职业生涯构成的各要素一旦获得，便不会被收回或剥夺，而外职业生涯构成的各要素在一定条件下可能会失去。两者的联系是，内职业生涯的发展是外职业生涯发展的前提，内职业生涯的发展带动外职业生涯的发展，它在人的职业生涯中具有关键作用；而外职业生涯是内职业生涯发展的外在条件，反过来也会促进内职业生涯的顺利发展和完善。

二、职业生涯的发展阶段

职业生涯既然是一个发展过程，就必然具有阶段性。一些著名的职业心理学专家对于职业生涯的发展过程进行了长期大量的研究，提出了不少的职业生涯发展理论，最有代表性的是美国著名职业管理学专家唐纳德·萨柏提出的“五分法”。萨柏经过20多年的大量实验研究，从人的终生发展角度出发，把整个人生分为成长、探索、立业与发展、维持、衰退五个阶段，并介绍了各阶段的发展特点。

三、职业生涯形态

每个人都有独特的职业生涯形态，而这种形态的不同，对人的发展影响极大。好的职业生涯形态，使事业获得成功；不好的职业生涯形态，使事业一事无成。职业生涯的形态种类很多，常见的形态有以下七种。

第一，步步高升型。这种形态的人在一个组织内认真经营，即使工作地点或工作内容因公司的需要而有所改变，但是工作表现仍颇受主管的肯定，因而步步高升。

第二，阅历丰富型。这种形态的人换过不少的工作，在很多家公司工作过，工作的内容差异性很大，勇于改变与创新，而且学习能力强，能面对各种突发的状况。

第三，稳扎稳打型。这种形态的人在工作初期处于探索阶段，工作的转换较为频繁。经过一连串的尝试与努力之后，终于进入自己所向往的工作机构。此机构的升迁与发展有限，但是非常稳定，例如，学校、行政机关、邮局、银行等。

第四，愈战愈勇型。这种形态的人说明职业发展已有明确的方向，但是因为某些原因受到打击和重挫。受挫之后，凭借自己的毅力与能力积极地往上爬，以更成熟的个性面对挑战。最后，工作的成就远超过从前。

第五，得天独厚型。这种形态的人对于自己的工作职业并没有花太多时间探索与尝试，反而因为家庭的关系，很早就确定了方向。经过刻意的栽培与巧妙的安排，进入公司的决策核心，并将组织发展与个人职业密切结合。比如说，企业家的第二代（富二代）就是最明显的例子。

第六，因故中断型。这种形态的人连续性的职业发展因为某些因素而停顿，处于静止或衰退的状态。

第七，一心多用型。这种形态的人职业变化，各有巧妙。工作做久了，厌烦、倦怠、缺乏新鲜感，总是难免的。再喜欢的菜吃久了都会腻，更何况是每天投入8小时，每周超过40小时的工作。所以，有份稳定的工作，同时在工作之余安排自己有兴趣的事，在稳定与创新之间，寻找平衡点，可以使生活更为丰富。

四、职业生涯规划的含义

职业生涯规划是指个体根据对自身的主观因素和客观环境的分析，确立自己的职业生涯发展目标，选择实现这一目标的职业，以及制订相应的工作、培训和学习计划，并按照一定的时间安排，采取必要的行动从而实现职业生涯目标的过程。

（一）正确理解职业生涯规划

正确理解职业生涯规划的含义，需从以下四个方面入手。

1.职业生涯规划具有明显的个性化特征

职业生涯规划主体往往不是某个组织，而是组织中的个体，因为许多个体的职业目标在唯一组织内工作无法实现，而需要在多个组织中工作才能达成。

2.职业生涯规划是个体有意识地确立职业生涯目标并追求目标实现的过程

职业生涯规划包括知己、知彼、抉择、目标、行动五个要素，随着内外条件的不断变化和职业活动成果的出现，职业目标可能会更加明晰，或是需要在反馈后加以修正。

3.职业生涯规划中的职业目标同日常工作目标有很大差异

工作目标是个人在当前的工作岗位上想要完成的任务目标，可以自设，也可以由组织给定。工作目标一般是较具体的短期目标，同本职工作紧密相关。职业目标相对来说是较为抽象的长期目标，不一定完全同当前的工作有关。但是，选择适当的工作目标并很好地实现这些目标，是最终达成职业目标的最佳途径。

4.组织应积极了解并参与和指导个体的职业生涯规划

组织是个体落实职业生涯的重要场所，它可对个体的职业生涯设计产生巨大影响，它既有责任帮助个体发展和实现个体的职业生涯规划，又有必要加以引导，使个体职业生涯的发展同组织整体发展目标相协调。

（二）科学的职业生涯规划应具备的特征

结合职业生涯规划的内涵，可以发现科学的职业生涯规划应具备以下四个特征。

1.可行性

职业生涯规划必须依据个人及组织环境的现实情况而制定，应该是能够落实的计划方案，而不是没有依据或不着边际的幻想；否则，就会贻误职业生涯设计的良好时机。

2.适时性

职业生涯规划是对未来的职业生涯目标的确定及对未来职业行动的预测。因此，各项活动的实施与完成时间都应有时间和时序上的安排，以便作为检查行动的依据。

3.灵活性

规划未来的职业生涯目标与行动涉及许多不确定性因素，因此，设计应有弹性，随着外界环境及自身条件的变化，应及时调整自己的职业生涯规划方案，以增加其适应性。

4.持续性

职业生涯目标是人生追求的重要目标，职业生涯规划应贯穿人生发展的每一个阶段，通过不断的调整与持续的职业活动安排，最终实现职业生涯的目标。

在一个人从出生到死亡的整个人生经历中，存在着不同的生命周期空间，包括生物社会生命周期、家庭生命周期和职业生涯周期。在人的总生命空间中，最重要的、起决定作用的是职业生涯周期，它是人生存和发展的前提条件。而且，职业生涯周期从任职前的职业教育培训，到寻求职业、就业从业、职业转换、逐步晋升，直至完全脱离职业工作，占据了人生大部分时间，因此，它对个人及其家庭都有着十分重要的意义。

人们都追求职业生涯的良性发展，这个追求是个体逐步实现其职业目标，并不断制定和实施新目标的过程。职业生涯发展过程有两种形式：一是职务的升迁，是指在同一职业甚至同一单位中，一个人职位的不断晋升；二是职业的改变，是指一个人所从事工作内容的改变。这种改变并不一定是工作或单位的变动，也可以是在一个单位中从事不同的工作，这都属于职业生涯的良性发展。这种发展对于一个人的成熟是很有意义的，它可以激励个体，更可以带给个体以成就感。

五、大学生职业生涯规划的现状

（一）大学生职业生涯规划的类型

某社会调查机构曾就大学生职业生涯规划及就业选择现状进行了问卷调查，调查表明，大学生的职业生涯规划有以下几种类型。

1.拖延型

这类大学生对自己的职业生涯迟迟不进行规划，有的拖延到毕业时才考虑自己的职业选择问题。

2.依赖型

这类大学生规划自己的职业生涯时缺乏独立性，依赖父母、老师或亲戚朋友为自己做决定，有的甚至把应当自己决定的事交给所谓的“命运”来决定，要么听天由命，要么随波逐流。

3.冲动型

这类大学生在规划职业生涯时缺乏理性的思考和认真的调查研究，完全跟着感觉走，凭心血来潮和情绪冲动草率决策。

4. 苦闷型

这类大学生在规划职业生涯时缺乏果敢性，在诸多职业资讯中难下决心做出取舍。有的大学生因在双选会上没有单位接收很苦闷，有多个单位让他选择时又不知如何取舍，也很苦闷。

5. 计划型

这类大学生既了解社会的客观需求和竞争情况，也很了解自己的能力、兴趣和价值观，因此很容易制定出正确的职业生涯规划。

（二）大学生职业规划中常见的问题

通过调查发现，部分大学生在职业生涯规划中存在“四不”问题。

1. 方向不明

大学生在中学的时候目标十分明确，就是考大学，但上了大学之后，有相当一部分学生处于“理想的真空期”，找不到自己努力的方向，奋斗目标缺失。其原因有：一是不能正确认识自己，容易产生自傲、自卑、保守和攀比心理。要么过高估计自己，盲目乐观；要么过低估计自己，尤其是在激烈竞争中受挫后垂头丧气，产生自卑心理。二是不能正确认识社会，不了解职场发展动态，不知道社会的需求，对自己能做什么、社会允许自己做什么不清楚，因此，前进的方向迷失或目标模糊。

2. 意识不强

有相当一部分大学生对职业生涯规划的重要性和必要性认识不足，认为规划职业生涯没有多大必要，规划跟不上变化，规划意识淡漠，抱着“车到山前必有路、船到桥头自然直”的信念，不愿意积极主动地思考自己的职业生涯的发展。调查显示，大部分学生没进行过真正意义上的职业生涯规划。对自己将来如何进一步发展没有设计的占62.3%，有设计的占32.8%，其中有明确设计的仅占4.9%。由此可见，大学生规划职业生涯还处于“要我做，而不是我要做”的状态。

3. 准备不足

面对严峻的就业形势和激烈的职场竞争，部分大学生没有充分的心理准备、知识准备、技能准备，不能充分利用大学的学习条件开发自己的潜能、提高自己的职业素质以及去适应未来工作的需要。有的大学生停留在中学的思维和学习模式，重知识、轻能力，重智商、轻情商和德商，缺乏全面适应社会的准备。

4.实施不力

有的同学做了职业生涯规划，确定了职业目标，制订了行动方案，但停留在纸上谈兵，未落实在行动上。尤其是在实施过程中，遇到困难就知难而退。比如，有的同学计划要在大二时期考过英语四级或六级，但考试受挫后就不愿继续努力，有的干脆放弃。

（三）大学生职业生涯规划的特点

大学生的职业生涯规划与在职人员比较，有其自身的特点。其特点主要体现在规划的重点不同，但其理论依据完全相同，方法步骤也可借鉴。大学生职业生涯规划的重点有四个部分。

第一，职业测评。对能力素质、兴趣、性格、气质及价值观等进行测量与评估，分析自己的特点，再结合工作的特点，帮助自己进行职业选择，也就是通常意义上所说的“人职匹配”。“测评”一词包括了两层含义，即“测”和“评”。“测”是指测量、测试，是以定量化的方式对人的能力水平及倾向、个性特点和行为特征等进行分析和表示；“评”是指评价、评定，是以定性化的方式对人的能力水平及倾向、个性特点和行为特征等进行评价和判定。因此“测评”这一概念将定量与定性的方法紧密地结合在一起，形成一套客观、科学、系统的方法。

第二，评估所学专业，明确自己的职业定向。专业是学业门类，职业是工作门类，专业与职业一般并不存在一一对应关系。比如，学冶金工程专业可以到钢铁厂从事冶金技术工作，也可以到金属材料公司从事经营工作，还可以在钢铁企业从事技术管理、到学校从事专业教学、到科研单位从事冶金研究。从总体上看，专业与职业大体存在以下关系，即专业包容职业、专业与职业部分重合、专业是核心；职业包容专业、专业与职业部分重合、专业与职业分离。

第三，做好就业准备，为实现职业目标创造条件。根据人职匹配理论确立职业目标后，就要围绕适合自己的目标进行就业准备，开发自己的职业素质和职业能力，积累就业信息，编织人际网络。

第四，锁定目标单位，实现自己的就业目标。

六、大学生规划职业生涯的必要性

（一）个性特征的多样性需要大学生精心规划职业生涯

世界上没有完全相同的人，大学生的个性特征格更是多种多样，每个大学生都具有独特性，这种独特性主要表现在以下几个方面。

1.职业价值观不同

具有不同职业价值观的人有不同的追求，有的追求金钱；有的追求权力和地位；有的追求稳定轻松舒适的生活；有的追求利他；有的追求利己。价值观对一个人的职业目标和择业动机有决定性的作用。如果价值观与职业相吻合，就会觉得开心快乐；如果价值观与职业背离，就会感到无奈和痛苦。不同价值观和动机决定大学生有必要规划不同的职业生涯。

2.职业兴趣不同

大学生的兴趣也是多种多样的，有的喜欢领导别人，而不乐意被人使唤；有的喜欢形象思维的工作，而不喜欢逻辑思维的工作；有的喜欢与人打交道的工作，而不喜欢与物打交道的工作；有的喜欢干挑战性强的工作，而不乐意干那些按部就班的事务性工作。兴趣各异决定大学生有必要规划不同的职业生涯。

3.性格不同

大学生的性格有外向型的，也有内向型的，还有介于两者之间的性格。不同性格有不同的职业选择，外向型的性格适合做与人打交道的工作；内向型的性格适合做技术工作和研究工作等。不同的性格决定大学生有必要规划不同的职业生涯。

（二）职业选择的多样性需要大学生精心规划职业生涯

职场是一个多元化的世界，条件各异，要求不同。职业选择的多样性主要体现在以下几方面。

1. 职业的地域选择具有多样性

我们既可以选择在国外就业，也可以选择在国内就业，在国内既可以选择经济发达的东部，也可以选择到西部去建功立业。

2. 单位性质的选择具有多样性

我们既可以选择在国有企业就业，也可以选择在外企、国内私企、中外合资的股份制企业就业，还可以选择自主创业，自己办公司。在不同所有制的单位就业，其自主性是不同的，如果选择自己办公司，自主性最大，从策划到工作方式几乎完全由自己决定；如果选择制度都很完备的国企和外企，各项工作决策往往不是自己决定，自主性较小。

3. 行业性质的选择具有多样性

有的行业属于朝阳产业，有的属于夕阳产业。发展的前景不同，就业机会和待遇也会不同。我们一般都会选择发展机遇多、待遇好的行业和单位。

4. 职业自由度的选择具有多样性

各种职业的自由度是不同的，有的工作必须在规定的时间和地点坚守岗位，如门卫、医院和高速公路收费员的工作自由度就很小；有的工作没有固定的地点和时间，如记者、推销员的工作自由度较大。

不同的人适合不同的工作环境，选择适合自己的工作环境，工作起来就比较舒心，工作效率高很多。如果在不适合自己的环境工作，心情就会不舒畅，很压抑，工作就很难做好。所以，职业选择的多样性需要大学生精心规划职业生涯。

七、大学生规划职业生涯的重要性

（一）规划职业生涯有利于大学生更好地明确自己的人生奋斗目标

成功地设计职业生涯必须知己之长短、知环境之利弊。因此，规划职业生涯的过程就是一个不断认识自我、认识环境、扬长避短的过程。这个过程有利于设计者对自己的优势和劣势进行深入的调查和细致的分析研究，从而客观、准确地了解自己的实力；同时，也有利于自己对职业世界的现状与发展趋势有一个清醒的认识。职业生涯规划的目的绝不只是协助个人达到或实现个人目标，更重要的是帮助个人真正了解自己，并且进一步详细评估内外环境的优劣，在“衡外情，量己力”的情形下，设计出合理且可行的职业生涯发展规划，选择合适的职业和职务。

职业决定了一个人的未来，大学生精心规划自己的职业生涯对于明确自己人生近期、中期和长期的奋斗目标具有十分重要的意义。追求目标是成功的保证，正如英国塞缪尔·斯迈尔斯所说：“在每一种的追求中，作为成功之保证的与其说是卓越的才能，不如说是追求目标。如果一个人下定决心去做某件事情，他就会凭借这种决心的力量，跨越前进中的层层障碍；他不会动摇成功的信念，他能够坚强地在困境中站起，肩负起自己的责任，接受生命的挑战，朝着目标走去，最终能获得美满且幸福的人生。”（转引自康敏编译《目标的魔力》）然而，相当多的大学新生处于目标的缺失期，高中期间他们的目标十分明确，就是考大学，而上了大学后的目标是什么呢？许多大学新生十分迷惘，不知道该确立什么目标，为此十分苦恼。学生在中学时期缺乏职业指导，许多学生报考专业带有很大的盲目性，他们不懂得运用人职匹配理论来选择专业，往往是家长根据职场的需求状况和职业的冷热度来填报志愿。指导大学生进行职业生涯规划，有利于他们扬起理想的风帆，确立起自己的学业目标、职业目标和创业目标。大学生如果不规划最适合于自己成长与发展的职业生涯，无明确的奋斗目标，必然不利于学业和事业的成功。

（二）规划职业生涯有利于大学生有的放矢地开发职业生涯，尽快实现人生目标

科学的、切实可行的职业生涯规划是职业生涯成功开发的前提条件。在职业生涯规划下进行职业生涯的开发，方向性强、有效性高，对职业目标的顺利实现具有积极意义。美国的M·K·巴达维在《开发科技人员的管理才能》一书中根据调查指出：在65岁以下的从业工程师中，从事管理工作的人数就占68%。在对工程技术人员进行职业目标的咨询中，大约有80%的人规划在5年内成为一名主管人员或经理。他们为实现个人职业生涯的规划目标，就会根据职业目标的要求进行职业生涯的开发。如果同学们的职业目标是成为教授级工程师，立志在专业技术领域内功成名就，就要努力构建T字形知识结构，“T”字形结构，“-”表示知识面的宽度，“I”表示对专业掌握的深度，两者结合，博专相济，相得益彰。该模式注重基础知识的扎实和专业知识的精深，具有巨大的科研潜力。构建T字形知识结构既注意知识面的拓展，又注重专业知识深度的挖掘，还要关注本专业前沿发展动态，注重专业理论的学习和动手能力、创新能力的培养；如果同学们立志成为杰出的管理者和经营者，就必须构建网络型知识结构，即侧重于专业知识的核心地位和相关知识的联系，在学好本专业的同时，选修管理或经营方面的课程或者辅修管理或经营方面的专业，同时还要参加一定的社会工作和营销工作，积累管理和营销经验；如果同学们立志从事教学科研工作，在学业上应该立志取得硕士或博士学位，只有这样才能跨入教学科研的行业。总之，精心规划职业生涯能增强学习工作的目的性，减少盲目性，避免走弯路，从而提高实现人生目标的速度。

第二节　大学生职业生涯规划团辅活动设计

一、团体辅导活动课程在大学生职业生涯规划教育中的特色

团体辅导具有效率高、影响力广泛、感染力强、效果容易巩固的优点。团体辅导是多向沟通互动的过程，成员不仅可以得到接纳、援助，也可以对别人给予援助，这种合作的、参与的关系有利于成员增进亲近感。团体辅导是少对多的形式，一般由2到3个领导者对6到10人，这样比起一对一的辅导形式更加省时省力。再者，团体辅导创造了一个类似真实的社会生活情境，为参加者提供了社交的机会。成员在团体中的言行往往是他们日常生活行为的反映，这种来自生活的方式使得参与者能够更好的贴近生活，所以效果更容易巩固。

团体辅导为大学生职业生涯规划提供了一个充分尊重个性化、自主性的平台。首先，来自不同背景和环境，具有不同性格特征，拥有不同信息资源，对未来有不同憧憬的同学，能够通过相互启发、相互帮助、共同探讨等方式寻求适合自己的职业生涯。其次，每个同学能够完全按照自己的实际情况来规划自己的未来，通过激发学生的自我规划、自我探索来寻求适合自己发展的职业规划。

团体辅导活动课程为大学生提供了一个“体验式”的学习环境。团体辅导活动课程“体验式”教学方式的运用，改变了以往以教师为中心的教学模式，充分发挥学生在教学过程中的主人翁地位，同时，“体验式”的教学模式更能够贴近现实生活，让学生有一种身临其境的感觉，这样更容易激发起学生的主观能动性，从而获得更多的收获和更好的课程效果。

二、团体辅导活动课程与职业生涯规划的结合点

正如人事科学研究者罗双平所说，职业生涯规划就是一个知己、知彼加抉择的过程，也就是说，一个好的职业生涯规划的确立必须建立在对自己了解的基础上和对自己所处环境了解的基础上，统合两者并最终做出决定的过程。而对自己的了解，无非是从性格、价值观、能力、兴趣等各个方面入手，这恰恰与团体辅导活动课程能够更好地探索自己的作用不谋而合。一般的活动课程以主体性、活动性、开放性、规范性为主要特征，强调学生的主体性和主观能动性的发挥，强调课程过程的重要性，重视学生的参与分享，而团体辅导活动课程不但继承了一般的活动课程特点，更为重要的是，它把团体心理的相关理论融入其中。与传统的职业生涯课程主要以讲授的方式不同，职业生涯团体辅导活动课程以活动为主线，注重参与，注重交流分享，注重用各种各样更生动、更贴近现实的活动带领大家走近自己，了解自己的性格、价值观、能力、兴趣等。此外，在对环境的了解以及决策方面，团体辅导活动课程在结合职业生涯相关理论的基础上，同样可以通过传授和活动的方式表现得更加生动，更加通俗易懂。做好职业生涯规划所需要的与团体活动课程所能提供的，通过各种活动有效地串联在一起，从而达到更好地为自己设定职业生涯规划的目的。

三、活动设计的理论基础

（一）生涯理论

1.生涯发展理论

霍兰德生涯发展理论是目前应用最广、最为简便的生涯发展理论之一。它强调选择一种职业是一种人格的表现，个人的职业满意度、职业稳定性与职业成就，取决于个人的人格与工作环境之间的适配性。个体所选择的职业生涯须符合这种个人导向，只有那些能满足个人需求的职业角色才对个体有吸引力。个人导向是否明确，是个人选择职业生涯的

关键因素。台湾的金树人从“资料—意念”与“人物—事物”两个维度进一步发展了霍兰德的理论，提出了三个更为简便的生涯兴趣探索活动，可以更加快速、有效地协助学生发现他们的职业兴趣类型。这三个活动分别是生涯憧憬、我最愉快的经验、生涯度假计划。

2. 生涯建构理论

生涯建构理论认为，每一个人在做生涯决定时都有一套不同于他人的生涯建构系统，当这套系统失去决断生涯选择的功能时，就成了生涯咨询的焦点。每一个人自己就是科学家，每一个人在这个世界上生活着，经历到世上种种发生在自己周围的现象，渐渐地用自己的方式形成自己的理论，自行预测自己的行为，然后根据预测来行事。

3. 生涯决定理论

以处理生涯选择的选项为重点，其中又可分为因素删除法和决定分析模型。前者主要以理性、逻辑的方法处理生涯选择的选项，删除次要选项，在容易操作的范围内进行生涯决定。后者则将生涯决定的逻辑在计算机中发挥得淋漓尽致。目前运用比较多的技术是“决策平衡单”，它从自我物质方面的得失、他人物质方面的得失、自我赞许和社会赞许与否四个方面帮助当事人具体分析每一个可能的方案，分析各方案实施后的利弊得失，最后排定优先级，择一而行。

4. 生涯理论在本文中的应用

作为职业生涯规划的相关文章，本文在课程设置的过程中充分体现了职业生涯的相关理论，从职业兴趣课程中霍兰德职业发展理论、金树人生涯发展理论的应用，建构自己课程中的建构理论的充分应用到最后一次课程中生涯决策环节中“决策平衡单”的应用，无一不体现出了职业生涯规划理论的特色。

（二）团体辅导理论

1. 团体动力学理论

团体心理辅导是一种在团体情境中提供心理学帮助与指导的重要方

式，它是通过团体内人际交互作用，促使个体在交往中通过观察、学习、体验，认识自我、探讨自我、接纳自我，调整和改善与他人的关系，学习新的态度和行为方式，以发展良好的生活适应的助人过程。团体心理咨询通常由一位或两位咨询员主持，称为团体领导者，多个来访者参加，称为团体成员。团体的规模因咨询目标的不同而不等，少则3—5人，多则十几人，甚至几十人。通过几次或十几次有针对性的团体聚会、团体活动以达到团体成员共同的目标。团体辅导的基本目的是“使个人更了解其行为并改进其行为。通过团体历程，提供成员机会以探讨各种解决问题的办法，而非只是成员快快乐乐地参与而已”。（吴武典，1982）。团体辅导旨在借助团体中人际交互作用以帮助个人成长，透过团体历程的学习与互动，促进个人的身心发展，学习技能，获得正确的信息，从而了解自己、接受自己、实现自己。团体动力学指的是成员和领导者的态度和相互作用。团体过程需要经历初创阶段、过渡阶段、工作阶段和结束阶段，每个阶段都有不同的特点和任务。

2.幻想技术

幻想技术又称为引导式幻想，分为三个大的步骤：放松；幻游；经验分享。

经过二三十年的发展，幻想技术在职业生涯咨询上的应用价值主要体现在以下几个方面：第一，反映丰富的内在经验。第二，提供价值评价的新方法。第三，消除过当防卫，迅速进入咨询情景。第四，刺激感性和直觉的经验。第五，投射未来的生涯憧憬。幻想技术的实施环节主要有引导、放松、幻游、归返和讨论五个部分。

3.团体辅导理论在本文中的应用

本课程的设计基本上遵从了团体发展的阶段特征和团体辅导的基本原则和基本目的，充分考虑发挥团体的优势，把团体动力学理论有机地与每次课程的设计结合在一起，从而更好的推动团体活动的顺利开展。幻想技术在本设计中的应用主要体现在两个方面。一是，笔者在价值观的探索当中主要运用了幻想技术，价值观的探索是本次设计课程中第二次活动的核心环节，运用幻想技术这样一种具有神秘气息的技术，旨在把团体成员深深的吸引到这个活动中来，能够使团体成员在没有过当防卫的基础上快速进入到本次活动当中来；二是，幻想技术还运用到了第三次活动的暖身活动中，旨在快速有效地把全体成员带到团体活动中来。

（三）活动课程思想

1.理论介绍

活动课程以实践性、主体性、开放性和系统性为基本特点。实践性的核心含义就是学生的亲力亲为，最大限度地参与活动过程，强调“做中学”，重视直接体验和经验学习。主体性强调以学生为中心，强调尊重学生的主动精神并以此作为教学的出发点与目标。开放性主要强调知识的不确定性、混沌性、非决定性以及非充分性，这就要求要用一个动态的、变化的、开放的观点来看待问题。系统性主要强调课程内容设计上的连贯性与逻辑性。活动课程的基本理念坚持学生的主动参与和自主选择；坚持面向学生完整的生活领域，为学生提供开放的个性发展空间；注重学生的亲身体验和积极实践，强调学习方式的变革。活动课程的实质主要体现在立足于学生的直接经验、回归学生的生活世界以及关注学生的亲身实践。

2.活动课程观点在本设计中的应用与体现

在本课程的设计过程中，笔者密切结合活动课程的特点，坚持活动课程的基本理念，立足体现出活动课程的实质。在设计课程内容的过程中注重设计与团体成员生活密切相关的探索方式，注重发挥团体成员的主观能动性，注重能够让团队成员在课程实施过程中更多地亲力亲为，在“做中学”，在实践中不断丰富和完善自己，得到自己想要的东西。

四、活动目标与内容

（一）目标方面

沈之菲在《生涯心理辅导》中指出：生涯发展课程总体的目标是促进学生的发展，具体是通过协助学生自我探索、协助学生生涯探索、协助学生拟定生涯规划和做出生涯决策，以促进学生的生涯成熟和潜能的开发。金树人在《生涯咨询与辅导》中指出：生涯发展课程的目标是使每位同学参与到生涯/生命规划的过程，习得规划事业的技巧，获得未来生涯/生命规划的必要信息和技能，了解职业选择与生涯的相关理论，统整理论与个人目前生涯的实际问题，促进个人认知发展的成长。

教育部办公厅2007年《关于大学生职业发展与就业指导课程教学要求》中指出，大学生职业发展与就业指导课程的教学目标应该从态度、知识和技能三个层面入手，达到以下结果。态度层面：通过本课程的教学，大学生应当树立起职业生涯发展的自主意识，树立积极正确的人生观、价值观和就业观念，把个人发展和国家需要、社会发展相结合，确立职业的概念和意识，愿意为个人的生涯发展和社会发展主动付出积极的努力。知识层面：通过本课程的教学，大学生应当基本了解职业发展的阶段特点；较为清晰地认识自己的特性、职业的特性以及社会环境；了解就业形势与政策法规；掌握基本的劳动力市场信息、相关的职业分类知识以及创业的基本知识。技能层面：通过本课程的教学，大学生应当掌握自我探索技能、信息搜索与管理技能、生涯决策技能、求职技能等，还应该通过课程提高学生的各种通用技能，如沟通技能、问题解决技能、自我管理技能和人际交往技能等。

以清华大学和首都师范大学为例，清华大学在其职业生涯规划与指导课程中将课程目标设定为：树立将个人发展与社会进步联系在一起的职业生涯价值观和人生观；增进规划职业生涯的自我负责意识和发展观念；学习职业生涯规划的相关概念、理论和方法，并能够运用于自我的生活与生涯发展决策中；学习并掌握基本的求职技能；制订行动计划，促使个人实现生活与职业目标。首都师范大学将其职业生涯规划的课程目标设定为：使学生掌握职业生涯规划必要的理论与方法；帮助大学生树立正确的人生观、价值观、道德观和行为规范参与求职择业活动，增强适应社会的能力；帮助大学生掌握求职技巧，解决求职过程中出现的问题，了解就业政策，正确选择职业，为将来的发展与成才打下坚实的基础。

总结相关文献以及目前国内相关高校职业规划课程设计我们发现，目前关于职业生涯辅导的目标仍旧围绕在唤起参与者职业规划的意识，树立正确的职业价值观，增强参与者对职业规划的重视程度，教授参与者知道怎样探索自己、探索职业，促进学生的生涯成熟和潜能的开发，掌握职业规划的相关知识等方面。我们不难发现这些目标的确立基本止于学习阶段，而没有将应用的观点深入地传授给参与者。毛泽东曾经说过，“精通的目的全在于应用”，而笔者本身在参与社会上关于职业规划的课程也深深地体会到理论与实践相结合的重要性，也就是“用”的重要性。此外，我们知道生涯发展是一个动态的过程，所以，我们在做职业生涯规划的时候也应该用动态的眼光来对待，基于以上再结合团体心理辅导的特点，本文提出以下几点目标。第一，使每位同学能够积极投入到本次职业生涯规划的课程当中来，习得规划职业生涯规划的相关技巧，获得未来职业生涯规划的必要信息和技能，了解职业选择与生涯的相关理论，统整理论与个人目前生涯的实际问题，促进个人认知发展的成长。第二，唤起同学们职业生涯规划的意识，增强同学们对职业生涯规划的重视程度。第三，让同学们明白本次课程的结束并不是一个终点，而更应该是自己职业生涯的一个起点。职业生涯是一生的事情，所以在以后的人生经历中要不断丰富和完善自己的职业生涯。

（二）课程内容方面

金树人在《生涯咨询与辅导》一书中指出：生涯发展课程的基本内容为生涯/生命规划概述、生涯发展理论概观、“生涯决定”介绍、成人发展阶段自我探索、教育探索、环境探索、职业探索、做决定与目标设定和谋职技能。沈之菲在《生涯心理辅导》一书中指出：大学生涯辅导的具体内容为以下几点：协助学生选系或者转系、协助学生自我了解并了解工作世界、提升学生生涯决策的能力以及协助学生步入工作世界。

蔡敏在《解析美国大学的职业规划课程》中指出：美国大学的职业规划课程主要包括四个逐步递进的内容模块，它们分别是自我评定、专业与职业探索、职业尝试和求职技能培训。其中自我评定模块主要是帮助学生建立全面的自我认识，让学生了解自己的优缺点，对自己做出准确、客观的评价；专业与职业探索模块主要是通过帮助学生尽可能多地参加职业调研，让学生通过对这些调研进行分析、比较，最终确定符合自身条件的职业和专业，找到职业特征与个人特征的合理匹配；职业尝试模块主要是为学生尽可能多地提供职业的现实体验，让同学们获得基于工作实践的经验积累与职业认识；求职技能培训模块主要是针对即将毕业的大学生根据实际情况提供系统的求职技能培训。金艳、林禄水在《团体辅导在大学新生职业生涯教育中的运用》一文中将相见欢、全方位了解自己、价值观澄清、职业深入访谈会、生涯定位和我的未来不是梦作为团体辅导课程的内容。王红彬在《团体心理辅导对大一女生职业生涯规划的影响研究》一文中将有缘千里来相会、认识我的潜能、我的职业发展规划、自信心训练、我的情绪我做主、模拟招聘、笑迎未来作为自己团体辅导课程的主线。陈军凤在硕士毕业论文《大学新生团体生涯辅导活动课程设计与实施初探》中将自己团体辅导课程的内容设定为知己知彼、寻求人生价值、生涯远游、天生我材必有用、彼此信任、你的心事有我愿意听、镜中的你我、生活馅饼、人生有梦，筑梦踏实和Just do it。姜旭在其硕士论文《团体辅导在大学生职业生涯设计中的应用研究》一文中将团体辅导的内容阐述为相逢何必曾相识（团队建立）、我将去向何方（生涯觉察）、认识你自己（自我探索）、我喜欢什么（生涯兴趣目标探索）、职业选我（职业探访）、我的未来大家设计（群策群力)、穿越时间隧道（时间管理）和相约旅途（团队结束）。

教育部办公厅2007年《关于大学生职业发展与就业指导课程教学要求》中指出，大学生职业发展与就业指导课程的教学内容为建立生涯与职业意识、职业发展规划、提高就业能力、求职过程指导、职业适应与发展、创业教育六个方面。

以清华大学和首都师范大学为例，清华大学在其职业规划发展与指导课程中将课程内容设计为职业生涯规划概述、自我认知、职业认知、职业决策、求职技能与求职准备几个部分。首都师范大学将其职业规划课程的内容设计为就业形势、职业生涯概述、职业生涯的自我认知、认识职业与环境、职业发展决策、就业市场与就业秩序、求职方法、提升就业能力、自主创业、就业政策、大学生就业权益及其法律保障、角色转换、走向成功十三个部分。

总结以上专著、论文、文献、教育部相关文件和学校实际教学课程实施中涉及的有关职业生涯规划课程设计的相关内容，从职业生涯规划概述的介绍、自我探索、职业探索、就业形势分析到时间管理、就业能力的提升，再到创业指导、求职指导和相关法律法规讲解等等，可以说涉及的内容已经相当的广泛，但其也有一个共同的特点，即主要是围绕自己（知己）、职业（知彼）两个大的方向进行设置，这也给我们设计职业生涯活动课程指明了方向，也就是说我们应如何借助团体活动课程的方式在“知己”和“知彼”两个方向上得到更好的结果，这也应该是团体活动课程最大的优势所在。因为与普通职业生涯规划课程相比，团体活动课程吸纳了团体辅导理论与活动课程的思想，在课程实施内容的探索上更加深入，在课程内容的实施方式上更加灵活、生动。还有一点就是以前的职业生涯规划团体课程在实践性上明显不足，即偏离团体成员的现实生活，在课程的设计上没有从团体成员的真实生活或体验中入手，很少联系当今社会中的现实情况。这些也是笔者在本次课程中试图要解决的问题。为此，结合以上内容，在西方有关职业生涯规划理论和方法的基础上，再结合我们的社会文化和当今大学生的特点，结合团体辅导理论和团体活动课程的特点，结合笔者自身的实践经历，初步设计了“独特的自己（界定自己）、认识自己、构建自己、认识组织与社会环境、确定近期最需要实现的生涯目标”这样一个主线，这条主线不仅涵盖了职业生涯规划课程的两大必不可少的方面“知己”和“知彼”，而且体现出了课程之间的逻辑性与系统性，层层推进，并且在具体实施过程中前后各部分也是密切相连。其中，笔者也在对华中科技大学毕业一年以上同学进行生涯人物访谈、对武汉各高校就职业规划问题对学生的随机采访以及大量实践性的工作和参加的职业规划的培训课程经历中得到一些启发。

第一，课程中案例和哲理性故事更容易激发成员的热情与参与度。

第二，课程中越贴近同学、越从同学自身出发的内容越容易引起同学的共鸣。

第三，课程中越贴近社会和现实的内容越容易激发同学们的兴趣与参与度。

第四，如何才能更好地对职业和组织进行探索。

第五，应该从哪些方面为自己的职业生涯做准备，等等。

而这些启发也被笔者有效地融入了课程的各个部分。例如，在“独特的自己”中案例的引用，在“认识自己”中“哲理性故事”的引用和“贴近同学生活的探索方式”的运用，在“构建自己”中“生涯人物访谈、人际关系的建立、自己找兼职或实习”运用，在“认识组织与社会环境”中“行业和职业研究方法”的运用，等等。

总结以上，再加上我们团队成员的共同努力，最终确定我们的职业规划团体活动课程内容主要围绕“独特的自己（界定自己）—认识自己—构建自己—认识组织与社会环境—确定近期最需要实现的生涯目标”这五方面全面展开，首先让成员学会界定，然后再认识自己，进而在建构自己、认识组织和社会环境的基础上最终选择最适合自己的职业。而这五部分内容的设计恰好与人事科学研究者罗双平有关职业生涯规划的三要素理论不谋而合，即职业生涯规划=知己+知彼+抉择。通过独特的自己（界定自己）、认识自己、构建自己达到“知己”的效果，通过认识组织与社会环境达到“知彼”的效果，通过确定近期最需要实现的生涯目标来达到“抉择”的效果。当把一系列内容有序串联到一起的时候，就能最终完成自己的职业生涯规划。

第三节　大学生职业生涯规划团辅活动实践

人事科学研究者罗双平有关职业生涯规划的要素的理论指出，每个人因各自的职业生涯发展阶段和历程不同，其职业生涯规划的重点也有所不同，不同的人在做其职业生涯规划时，所考虑的因素也有所不同。他用一个精辟的公式总结出了职业生涯规划的三大要素，即职业生涯规划=知己+知彼+抉择。俗话说，“知己知彼，百战百胜”。所以本次活动在此基础上分五门课程将其有机地串联在一起。

一、第一次活动：相见欢（独特的自己）

活动一：Leader团队介绍。

领导团队成员介绍。

课程性质、目标、时间、流程等的介绍。

活动目的：让成员初步了解领导团队，建立最初的信任感。让参加活动的全体成员都能够从整体上对本次活动有个初步的把握。

活动二：微笑握手，滚雪球（热身活动）。

全体成员起立，面带微笑地依次和其他同学握手，并介绍自己。

全体成员介绍完以后，再围坐成一个圈，进行连环式介绍自己，介绍内容包括姓名、班级、家乡、爱好等。

活动目的：缓解同学之间紧张陌生的气氛，拉近彼此之间的距离，活跃现场气氛，建立良好的团队氛围。

活动三：让成员讨论确定团队的名字、队长、队歌。

成员在15分钟之内自由发言，讨论确定团队名称、队长队歌和口号。

活动目的：加强团队成员凝聚力，建立团队。

活动四：盖章契约——我们共同的约定。

确定活动规则。

活动目的：通过建立团队规则，为以后课程的顺利实施打下良好的基础。

活动五："阿云三年被解雇七次"案例分析。

讲述阿云三年被解雇七次的案例。

引导大家探索分析阿云为什么会出现这种情况。

活动目的：通过案例使本次活动顺利过渡到职业规划的主题，为下次活动打下基础。让大家明白自己是与众不同的，要做独特的自己，要了解独特的自己。

活动六：让成员对本次活动进行评价。

给团体成员发放"团体满意度自评量表"，让全体成员通过此表对本次活动进行评价。检测本次课程的实施效果。

活动七：布置家庭作业。

为自己设定一个短期规划。

重视家庭作业在课程中运用，并且本次家庭作业直接服务于第四次活动。通过第一次活动后确定的规划与最后一次活动结束时确定的规划的前后对比，以检验课程实施的效果。

"微笑握手，滚雪球"作为一个热身活动，在第一次活动中起到了很好的效果。因为大家第一次参加这个活动，第一次聚到一起，可以说彼此之间还比较陌生，而这个活动恰恰需要同学们与对方握着手并且微笑着介绍自己，这样做更容易缓解同学之间紧张陌生的气氛，拉近彼此之间的距离。在第一次活动中采用此活动，能够更好、更快地让彼此熟悉起来，形成一个很好的团队氛围。

“让成员讨论确定团队的名字、队长、队歌和口号”的活动有助于为团队的形成打下一个良好的基础，我们都知道，当一个团队有自己名字、队长、队歌、口号的时候，更容易加强团队成员之间的凝聚力。为此，我们在第一次活动中就设计了这样一个环节，但可能是第一次见面的原因，这个活动在实施的过程中同学们发言并不踊跃，这也导致了在规定的时间内并没有完成相关内容。

关于团队契约的建立部分，我们采用了这样一种形式：让每个同学都读一条我们事先准备好的规则，这样做主要是鉴于同学们基本上没有接触过类似的内容，所以不知道建立什么样的规则，这样做有助于顺利并快速地建立起团队规则，并且有助于让每一个成员都参与到活动当中来。在活动过程中，我们要求每一位团队成员都必须参与到这次活动过程中来，依次大声读出每一条规则。由领导者对部分团体成员不明白的规则进行解释，最后举手表决。但由于领导者在解释规则的时候花的时间较长，所以本活动所用时间比预计时间要长一些，但是效果还是很不错的。

关于案例分析部分，通过这样一个活动旨在顺利过渡到本次活动的主题，并为下次活动奠定良好的基础。在活动过程中，我们发觉每一个同学都主动就案例发表自己的观点，可见同学们对这样一个活动还是非常感兴趣的。但鉴于时间问题，我们还是没有完全让同学们充分表达完自己的想法。

总体来说，第一次活动的主要问题在于时间控制力方面没有做好，本计划在两个小时内做完，却做了两个半小时。究其主要原因，一则，可能是活动领导者在各个活动的掌握尺度方面还存在偏差；二则，各个活动的进行时间在实施前的思考、规划与确定方面还不够完善，为此，在活动举行前笔者建议提前对设计内容进行预演，并对课程内容进行更加合理的思考与规划，以便活动能够更好地进行。

最后，我们布置了家庭作业，让同学们为自己做一个规划。出发点主要基于以下两点：第一，我们希望在活动前就让同学们做一个规划，然后在活动后期再来审视这样一个规划，两者对比可以直观地反映出我们活动的效果。第二，本次活动在设计之初，我们就决定要充分利用家庭作业在本次课程中的作用，这也是本次活动的特色之一，本次家庭作业的布置不仅符合本次课程方案的最初设想和特色，而且与后面的家庭作业紧密相连，并直接服务于第四次活动。

二、第二次活动：认识自己——能力和价值观探索

活动一：哲理性故事引入。

向团体成员讲述一个关于少年卖木炭的哲理性故事。

活动目的：通过哲理性故事吸引同学们的注意和思考，加强本次课程的吸引力。由哲理性故事折射出本次课程的主题。

活动二：时光隧道。

通过幻想技术，带领大家走进一个浅层催眠下的“时光隧道”。对“时光隧道”中所经历的内容，全体成员进行讨论分享。

活动目的：过早的使用心理学特色的“幻想技术”有利于增强课程本身的吸引力。通过浅层催眠状态，团体成员能够自由联想，寻找心底最看重的东西，寻找自己的价值观所在。

活动三：最有成就感的十件事。

让全体成员在“最有成就感的十件事”表格上填写到目前为止认为自己做得最有成就感的十件事。小组成员和大家分享自己感到最有成就感的事情。大家再讨论、分享是什么原因让你取得了这些事情的成功。

活动目的：直接取材于全体成员亲身经历的生活内容，有利于唤起成员对课程的认同感，加强成员对课程的投入程度。通过自身经历的最有成就感十件事的分享，归纳、总结出可以成功的原因，从中寻求自己所具备的能力所在。

活动四：让成员对本次活动进行评价。

给团体成员发放“团体满意度自评量表”，让全体成员通过此表对本次活动进行评价。

活动目的：检测本次课程的实施效果。

活动五：布置家庭作业。

对本次课程在价值观和能力方面的探索所得进行梳理，并以文字的形式呈现出来。

活动目的：对课程实施内容进行巩固。

之所以用少年卖木炭的故事引入本次活动，主要是因为这种富有哲理性的故事更容易引起同学们的注意和思考，更容易抓住他们的心，并且这个故事和本次活动的主题密切相关。此外，领导者在陈述故事的时候一定要注意语音语调，这样才能够更好地让成员意识到故事中所反映哲理的重要性。

因为“时光隧道”主要运用了幻想技术，所以在这个活动中，一定要注意背景音乐的选择与播放。此外，领导者还要注意语音、语调的运用。本次活动的成功脱离不了领导者的发挥，同样也脱离不了好的背景音乐，只有当领导者和所选择音乐和谐地结合起来时，才能产生更好的活动效果。再者，幻想技术可以增强课程的吸引力，全体成员一般都没有接触过这样的活动，所以，一种新奇的东西更容易把他们留在这样一个团体。事后证明这确实是一个不错的计划，因为我们知道团体辅导活动中必须面临的一个很大问题就是人员的流失，荣幸的是本次活动我们并没有出现过人员流失的现象。这也给了笔者莫大的鼓励，也坚定了笔者在课程设计中的信心。

关于讨论分享部分，领导者主要采用的是让每个同学轮流发言的方式，然后其他成员共同表达自己对其观点的看法。期间笔者会引导团队成员，旨在让他们自己和团队成员一块去探索自己真正想要的东西，让团队成员明白他们努力奋斗究竟想要的是什么，或者说什么才是他们内心真正想要的东西。而要得到他们想要的东西，他们现在应该从哪方面努力，这些方面的努力又应该在什么时间段内完成。

“最有成就感的十件事”这部分内容是笔者设计能力探索的一部分。笔者在本次活动中很少直接运用量表，而是更多运用我们日常生活中最常见的，或者成员经历的事情来做文章，这样更贴近生活，更贴近成员自己，有助于他们更好地全身心地投入到课程中来。而让团队成员写最有成就感的十件事并不是目的，目的是让同学们看看这些成功的事情背后究竟隐藏了什么东西，是什么东西能够支撑他们获得成功，这些东西是不是就是他或她自己所具有的财富和能力呢？在活动中，我们可以看到同学们在写最有成就感的十件事时确实绞尽脑汁，并且还主动向领导者询问，可见同学们对活动的认真程度。当领导者说完做这个活动的目的后，我们同样也可以看到同学们若有所思的样子，我们能够深刻地感受到团队成员对本次活动的投入程度。

本次活动充分总结了第一次活动中时间控制不力的情况，按时做完了所有的活动。

三、第三次活动：认识自己——兴趣与性格

活动一：找回自己的感觉（热身活动）。

在背景音乐的衬托下，通过一个浅层的催眠活动，让大家放松。

活动目的：让大家从一周的忙碌中放松下来，能够更好地、更宁静地投入到本次活动中去。

活动二：我的自白诗。

在活动一结束后，立即填写标题为“_______的自白诗”卡片，领导者要提醒成员不必思来想去、左右斟酌，脑海里闪过什么念头，就提笔立马把它写下来。

活动目的：让大家在最放松的状态下，不假思索地补全卡片上的文字，体会“我手写我心”的那种感觉，这样写出来的结果更贴近真实的自己。

活动三：生涯憧憬、我最愉快的经验。

让大家填写“生涯憧憬、我最愉快的经验”卡片。向团体成员介绍金树人博士的兴趣理论。

活动目的：从成员日常生活中真真切切发生的事情中，探索其兴趣所在，这样探索出来的结果更加生动，更具说服力。让成员了解兴趣探索的相关理论。

活动四：兴趣六岛。

让全体成员阅读事先准备好的有关兴趣六岛的相关资料，并按照要求把问题做好。向全体成员介绍约翰·霍兰德和金树人的生涯兴趣理论。

活动目的：进一步探索成员的兴趣方向。告诉成员如何来确定自己的兴趣点。

活动五：性格探索。

让成员填写事先准备好的“性格形容词量表”。成员与大家分享讨论自己的填表结果。

活动目的：探索成员的性格。传授一种性格探索的方式。

活动六：活动小结。

领导者对本次活动做全面的分析总结。

活动目的：给成员重新梳理本次课程的内容和大家的分享，让大家对本次课程有一个更加深刻的认识。

活动七：布置家庭作业。

完善对性格的探索，把“性格形容词量表”拿给自己最熟悉的人做，以求从最熟悉人的眼中寻求更多的自己。

活动目的：对课程内容进行巩固。

本次活动以一个伴有轻音乐的浅层催眠放松活动开始，这样成员们能够更好地投入到本次活动中去。其实我们设计的热身活动或导入活动并不是孤立的，而是与每次活动有密切的相关性，并且在每次活动中都有清楚的体现。

关于“我的自白诗”“生涯憧憬、我最愉快的经验”“兴趣六岛”这几部分，笔者认为在做之前不要和团队成员说出做这些活动的目的。此外，在每一个活动当中，笔者一再强调每一个成员需要不假思索、凭自己的第一印象迅速地把自己想写的东西写出来，这样所写出来的东西更贴近真实的自己，也能便于更好地探索自己。

每次活动的活动内容和过程本身并不是目的，笔者更看重的是活动中的分享与交流。鉴于时间的问题，每次活动不可能让每个同学都分享，这就要求领导者必须做好协调，让每个同学都有分享的机会，并且根据领导者自身的观察与总结，有指定地让一些同学根据他们的特点，在特定的环节发言。

关于性格探索部分，笔者主要运用的是“性格形容词量表”，并采取自评和他评的方式。因为毕竟团队成员接触的时间不长，所以他评的信效度不高，在活动中，领导者更重要的是告诉团队成员一个方式，而不是结果。活动结束后，让同学们去找他们非常熟悉的人，如父母、兄弟姐妹、好朋友等，让他们对自己进行评价，这样的话信效度可能更高一些。

在本次活动中我们可以发现，团队成员参与热情和参与度都非常高，并主动参与到每次活动的探讨中去，但鉴于时间的问题，领导者在活动中注意了时间的控制，尤其是最后一个活动，虽然做得很简单，但是我们发觉好几个同学主动向笔者索要电子版的“性格形容词量表”，便于以后多找人做做，可见本次活动还是取得了很好的结果。在本次活动中，笔者强调了还有两次活动就要结束了，在单元活动反馈表的开放式问题中，我们惊奇地发现有同学表达出希望延长每次活动的时间和增加次数的愿望，在此我们也深感兴奋与鼓舞。

参考文献

［1］徐凯文，段旭，贾丽宇．育心树人［M］．石家庄：中国人民大学出版社，2022.

［2］陈少华，邢强．心理学基础［M］．广州：暨南大学出版社，2022.

［3］胡琴，刘丽花，安宏玉．大学生心理健康教育［M］．北京：中国言实出版社，2022.

［4］朱建军．意象对话心理治疗［M］．北京：中国人民大学出版社，2021.

［5］顾晓虎，高远．大学生心理素质训练教程［M］．南京：南京大学出版社，2019.

［6］俞国良．心理健康教育理论政策研究［M］．北京：北京师范大学出版社，2020.

［7］谢莹．网络时代大学生心理健康理论与方法［M］．南京：南京大学出版社，2020.

［8］叶忠华．大学生团体心理辅导设计一例——大学新生适应能力训练小组辅导［J］．景德镇高专学报，2003（01）：18-20.

［9］戴钢书，张振华，朱强，等．当代大学生马克思主义理论教育链论［M］．北京：中国人民大学出版社，2022.

［10］夏新颜，杜智娟，赵辉．大学生健康心理学［M］．南京：南京大学出版社，2018.

［11］周石其，陈福娇．大学生教育一般问题研究［M］．北京：中国政法大学出版社，2021.

［12］张秀琴．家庭心理学思想的理论研究［M］．北京：世界图书出版公司，2014.

［13］伍越男，钱小华.基于团体辅导视域下大学生亲密关系的影响因素及优化策略研究［J］.山西青年，2022（12）：178-180.

［14］孔德姝.恩格斯家庭理论及其当代启示［D］.银川：宁夏大学，2023.

［15］卢深勤.新时代大学生创新精神培育研究［D］.桂林：广西师范大学，2023.

［16］徐嘉敏.媒介时间焦虑论［D］.南昌：南昌大学，2023.

［17］马嘉.乔尔·克沃尔革命的生态社会主义思想研究［D］.长春：吉林大学，2024.

［18］苏碧洋.大学生心理健康教育与辅导［M］.厦门：厦门大学出版社，2019.

［19］曾鹏，曾方荣，杨迪.实施大学生职业生涯规划团体活动课程的目的与意义［J］.科技经济市场，2014（05）：213.

［20］朱旗，蔡慧君.大学生职业生涯规划［M］.厦门：厦门大学出版社，2022.